供电企业类案汇编

国网湖南省电力有限公司　编

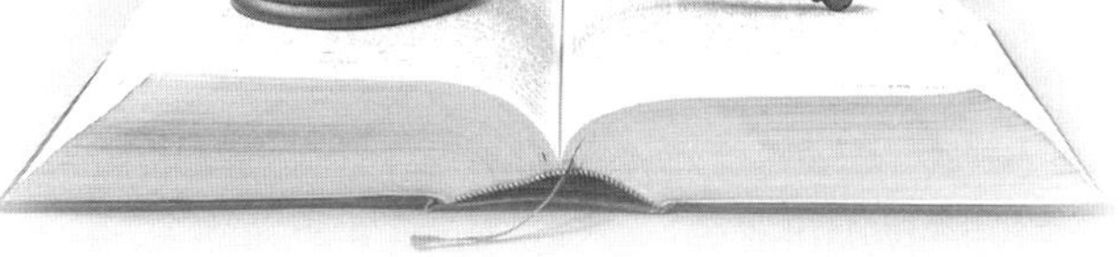

中国电力出版社
CHINA ELECTRIC POWER PRESS

图书在版编目（CIP）数据

供电企业类案汇编／国网湖南省电力有限公司编．—北京：中国电力出版社，2022.3

ISBN 978-7-5198-6324-1

Ⅰ．①供…　Ⅱ．①国…　Ⅲ．①供电－工业企业－民事诉讼－案例－中国　Ⅳ．① D922.292.5

中国版本图书馆 CIP 数据核字（2021）第 269733 号

出版发行：中国电力出版社
地　　址：北京市东城区北京站西街 19 号（邮政编码 100005）
网　　址：http://www.cepp.sgcc.com.cn
责任编辑：赵　鹏（010-63412555）
责任校对：黄　蓓　王海南
装帧设计：郝晓燕
责任印制：钱兴根

印　　刷：北京雁林吉兆印刷有限公司
版　　次：2022 年 3 月第一版
印　　次：2022 年 3 月北京第一次印刷
开　　本：880 毫米 ×1230 毫米　32 开本
印　　张：6.75
字　　数：137 千字
定　　价：45.00 元

前　言

“法者，治之端也。”党的十八大以来，党中央将全面依法治国纳入“四个全面”战略总体布局、协同推进。党的十九大将全面依法治国确立为新时代坚持和发展中国特色社会主义的基本方略。2020年中央首次召开全面依法治国工作会议，提出“十一个坚持”，成为习近平法治思想的重要内容。

习近平在谈司法体制改革时指出要“提高司法公信力，努力让人民群众在每一个司法案件中感受到公平正义”，一起经典案例的裁判不仅能够规范自由裁量、厘清法律适用、弥补法律不足，最重要的是能够提升司法公信力，推动“同案同判”，以看得见的方式实现公平正义。为此，“两高”先后印发《最高人民法院关于案例指导工作的规定》《最高人民法院关于统一法律适用加强类案检索的指导意见（试行）》《最高人民法院关于进一步完善“四类案件”监督管理工作机制的指导意见》等文件，强化类案检索的意义。

供电企业同类案件多发，但因举证、诉讼应对措施不同等原因，部分案件中供电企业承担了过多责任。作为供电企业法律人员和管理人员，一本既具有较强实务性，又具有一定理论性的书籍，对诉讼案件应对和企业法律风险管理具有重要作用。本书收录供电企业近年来发生的真实案件，案例介绍包括裁判规则、类案性质、相关规定、基本案情等。案例既涉及触电损害赔偿、供用电合同、线房矛盾、劳动关系等电网企业常见纠纷和焦点问题，又涉及协助政府停电、压覆矿产资源、妨碍探矿权等近年来出现的新型纠纷，对供电企业有较强的参考性和针对性。

善作善成、久久为功，希望本书能为读者提供帮助并为法治企业建设贡献微薄力量。由于编者水平有限，疏漏之处敬请广大读者批评、指正。

编者

2021年11月

目 录
CONTENTS

第一章

触电人身伤害纠纷类案

发生触电伤害后，受害者与供电公司有劳动关系的，适用《工伤保险条例》调整；受害者与供电公司没有劳动关系的，适用《中华人民共和国民法典》等侵权法律法规调整。

一、触电人身伤害案件归责原则

当人体与高压输电线路或者高压设施的距离低于安全距离时，高压输电线路或高压设施发生放电现象，一旦巨大能量的高压电流击中或者贯穿人体，即使幸免于死亡也将造成严重残疾，其后果非常严重。而低压电致人伤害，如果电流流经心脏，会造成心脏停止跳动致人死亡；如果电流未流经心脏，一般不会导致死亡，更不会造成残疾。人体接触220伏或380伏的电，都有自救的可能。1000伏及其以上电压等级的电，对人体会有严重的伤害，没有自救的可能。因此低压电致人损害属于一般侵权责任，应当适用过错责任原则，而高压输电线路或高压设施致人损害，属于高度危险责任，应当适用无过错责任原则。

（一）过错责任

与“无过错责任”相对。加害人只对自己的过错行为致人的损害承担责任。法律不要求行为人承担个人注意义务以外的责任。但不排除在个别情况下无过错者也要承担责任。

主要法律条文:《中华人民共和国民法典》第一千一百六十五条规定，行为人因过错侵害他人民事权益造成损害的，应当承担侵权责任。

实践：过错包括故意和过失，对于故意，即直接故意或间接故意，用主观标准衡量。对于过失的认定，通常采用客观标准，即侵权人的行为违反相关法律规定，通常采用违法推定过失或者违法视为过失。

（二）无过错责任

在法律特别规定的情况下，即使行为人没有过错，只要该行为给他人造成损害且该损害非由不可抗力和意外事件引起的，行为人也要承担民事责任。

主要法律条文：《中华人民共和国民法典》第一千一百六十六条规定，行为人造成他人民事权益损害，不论行为人有无过错，法律规定应当承担侵权责任的，依照其规定。

高压触电主要法律条文：《中华人民共和国民法典》第一千二百四十条规定，从事高空、高压、地下挖掘活动或者使用高速轨道运输工具造成他人损害的，经营者应当承担侵权责任；但是，能够证明损害是因受害人故意或者不可抗力造成的，不承担责任。

实践：无过错责任原则只是不考虑行为过错，但应考虑受害人的过错。如果受害人对损害的发生有过错的，应根据具体情况减轻甚至免除行为人的侵权责任，对许多无过错责任侵权行为来说，受害人故意是法定免责事由。

（三）过失相抵

在侵权损害赔偿案件中，如果受害人对于损害的发生或者扩大具有故意或者过失的，可以减轻或者免除侵权人的赔偿责任。本质上就是由于受害人对于损害的发生或者扩大也有过错，基于该过错行为与损害后果直接原因力的大小来适当减轻侵权人的责任。

主要法律条文：《中华人民共和国民法典》第一千一百七十三条规定，被侵权人对同一损害的发生或者扩大有过错的，可以减轻侵权人的责任。

实践：从法条位置来看，第一千一百七十三条处在“一般规定”当中，从其文义和逻辑上讲，本条规定对于无过错责任原则的侵权行为也可以适用。确定责任范围的主要标准是双方过错程度的轻重，以原因力大小“微调”责任；如双方的过错程度无法确定时，以各自行为的原因力大小确定各自责任的比例。

（四）分别侵权行为

也称无意思联络的数人侵权，是指数个行为人事先既没有共同故意，也没有共同过失，只是由于他们各自的行为与损害后果直接客观上的联系，造成了同一个损害结果的侵权行为类型。对于复合因果形态下侵权责任的确定和分担，应当以过错程度比较为主，法律原因力比较为辅。

主要法律条文：《中华人民共和国民法典》第一千一百七十二条规定，二人以上分别实施侵权行为造成同一损害，能够确定责任大小的，各自承担相应的责任；难以确定责任大小的，平均承担责任。

实践：损害赔偿份额以过错程度为主，原因力比较为辅。非单一原因的行为竞合的，不能构成客观共同侵权行为，应分别按责任大小承担按份责任。

二、办案心得

（一）确定是否触电

原告不能举证证明是触电导致人身损害的，应当承担举证不能的后果。

1.举证责任

被侵权人应当对受到损害的事实以及高度危险作业的事实承担举证责任。

2.主要证据

一般为公安机关法医鉴定，如无公安机关法医鉴定，应当有触电痕迹。是否应当有触电痕迹或者是否是触电痕迹，可以通过专家出庭作证。

（二）确定是高压触电还是低压触电

通过发生触电的设施或触电痕迹确定。

1.能确定触电设施的，看设施的额定电压

《电力安全工作规程　电力线路部分》（GB 26859—2011）中规定，“3.1 低（电）压是用于配电的交流电力系统中1000V及其以下的电压等级。”《供电营业规则》第六条第1项规定，“供电企业供电的额定电压：1、低压供电：单相为220伏，三相为380伏；2、高压供电：为10、35（63）、110、220千伏。”

2.对触电设施存在争议的看触电痕迹

低压触电时有电流流过人体，接触部位的皮肤被电流烧穿，烧伤范围局限于电流出入口的接触部位；高压触电往往属于“电弧放电”，一般表现为严重的电弧烧伤，具体的需开庭时请专家出庭作证。

3.高压触电纠纷中“经营者”的认定

高压电造成损害的，作为责任主体的经营者依具体情况而定。因为电必须有一定的载体才能存在，高压电对周围环境的危害是以电的载体衡量的。高电压的载体应当包括高电压变压器、高电压电力线路、高电压电力设备等。如果是高压输电线路造成损害的，责任主体是输电企业。如果是在工厂内高压电流生产设备造成损害的，责任主体就是该工厂的经营者。

（三）划分各方过错

1.供电公司是否尽责

安全警示标志设置、对地距离、安全隐患通知等方面，对于供电公司的安全保障义务，一般应限于合理限度范围内，且与其管理和控制能力相适应。比较常见的“未检查发现安全隐患”争议，可提出《用电检查管理办法》已于2016年1月1日被国家发展和改革委员会以第31号令废止，除非有合同约定，供电公司对用户不再有检查权。

2.漏电保护器问题

漏电保护器不是“保命器”，对直接接触触电，仅作基本保护措施的附加保护，在外人触电诉讼纠纷中宜采用专家证人出庭作证或对漏电保护器进行鉴定。特别需注意的是漏电保护器对相与相、相与零的触电，以及自成回路的电动工具等不具有保护作用。

漏电保护器即剩余电流动作保护装置（RCD），根据《剩余电流动作保护装置安装和运行》（GB/T 13955—2017）引言规定，低压配电系统中装设剩余电流动作保护装置是防止直接和间接接触导致电击事故的有效措施之一，安装剩余电流保护装置后，仍应以预防为主，同时采取其他防止电击事故的技术措施。电路中带电导线对地故障所产生的剩余电流超过规定值时，能够自动切断电源的保护装置。第1条规定，剩余电流动作保护器不适用于相与相之间或相与零线之间发生的电击事故、电气设备损坏或电气火灾事故的保护作用。其工作原理为当设备漏电并有人触及时，故障点产生分流，此漏电电流经人体接地，不经电流互感器直接返回变压器中性点，致使互感器流入流出的电流出现不平衡，在二次线圈中产生电流，当电流值达到限定值时自动切断电源。

《剩余电流动作保护器的一般要求》（GB 6829—1995）第1条规定，本标准规定的剩余电流保护器主要功能是对有致命危险的人身触电提供间接接触保护。额定剩余电流不超过0.03A的剩余电流保护器在其他保护措施失效时，也可作为直接接触的补充保护，但不能作为唯一的直接接触保护。

总保护、中级保护及末级保护区别：《农村低压电力技术规程》第5.1.1条："剩余电流动作保护是防止因低压电网剩余电流造成故障危害的有效技术措施，低压电网剩余电流保护一般采用剩余电流总保护（中级保护）和末级保护的多级保护方式。a）剩余电流总保护和中级保护的范围是及时切除低压电网主干线路和分支线路上断线接地等产生较大剩余电流的故障。b）剩余电流末级保护装于用户受电端，其保护的范围是防止用户内部绝缘破坏，发生人身间接接触触电等剩余电流所造成的事故，对直接接触触电，仅作为基本保护措施的附加保护。"

农村用户安装漏电保护器责任问题：《农村电网剩余电流动作保护器安装运行规程》（DL/T 736—2010）6.3.1条规定，户保和末级保护属于用户资产，应由用户出资安装并承担维护、管理责任。

3. 受害者或第三人过错

尽可能找出受害者或者第三人的过错。在实践中要注意的是应尽早固定证据，特别是证人证言。对于发生故障的电力设施，如断的线路，应采取移交公安机关保管等措施，防止诉讼中举证不能。

《中华人民共和国民法典》第一千二百四十条规定，高压触电中免责事由包括受害人故意和不可抗力。在实践中受害人的故意有：自杀或自伤，从事与电力有关的犯罪活动，如盗窃或破坏电力设施。

《中华人民共和国民法典》第一千二百四十三条规定，未经许可进入高度危险活动区域的，管理人能够证明已经采取足够安全措施并尽到充分警示义务的，可以减轻或者不承担责任。该免责事由的构成要件一般为：一是必须在高度危险活动区；二是管理人已经相当注意，设置了明显标志，采取了安全措施，尽到了充分的警示、保护义务；三是受害人未经许可进入该区域造成损害。

三、相关类案

类案1 是否是触电死亡该谁来举证？

【裁判规则】原告应承担受害人系触电身亡的举证责任，经营者承担无过错责任的前提是已有证据证明系高压电触电导致损害发生。

【类案性质】湖南省怀化市中级人民法院裁判生效案件

一审：湖南省会同县人民法院（2019）湘1225民初998号民事判决

二审：湖南省怀化市中级人民法院（2020）湘12民终1572号民事判决

【相关规定】

《中华人民共和国民事诉讼法》

第六十四条 当事人对自己提出的主张，有责任提供证据。

当事人及其诉讼代理人因客观原因不能自行收集的证据，或者人民法院审理认为审理案件需要的证据，人民法院应当调查收集。

人民法院应当按照法定程序，全面地、客观地审查核实证据。

《最高人民法院关于适用〈中华人民共和国民事诉讼法〉的解释》（法释〔2015〕5号）

第九十条　当事人对自己提出的诉讼请求所依据的事实或者反驳对方诉讼请求所依据的事实，应当提供证据加以证明，但法律另有规定的除外。

在作出判决前，当事人未能提供证据或者证据不足以证明其事实主张的，由负有举证证明责任的当事人承担不利的后果。

【基本案情】

原告：雷某某等

被告：某某供电公司

2018年8月25日上午，会同县金子岩侗族苗族乡村民发现唐某某在该乡下坝塘村10千伏线路11号杆旁死亡。县公安局现场勘查：涉事线路电杆拉线UT线夹被人为破坏解开，拉线上端与10千伏引下线接触，下端与树枝挨在一起，事发现场地面、树木等接触物无放电、烧焦炭化痕迹，现场无搏斗痕迹。尸表未见明显的致命外伤，左手拇指和食指第一指节见皮下出血，未见明显的烧焦痕迹，小便失禁。初步分析认为可排除他杀，但不排除被电击及身体突发疾病等意外原因死亡。

原告诉称：其丈夫唐某某2018年8月25日搬松树时不慎触电死亡，原因是某某供电公司10千伏线路拉线脱落带电，当地居民反映半年之久要求维修、消除隐患，但某某供电公司一直未维修，导致触电事故发生。请求判令：①判决某某供电公司赔偿死亡赔偿金、丧葬费、赡养费、交通费、精神抚慰金等共计41.5277万元；②本案诉讼费用由被告承担。

被告答辩：一是拉线上端无放电击穿及闪络痕迹，10千伏线路绝缘层良好，线路一直正常运行，拉线下端与树枝接触点无烧焦炭化现象，该拉线不漏电、不带电；二是死者体表无触电体征，其死亡不是触电死亡；三是因原告拒不配合公安机关尸检，应承担举证不能责任。

一审法院审理认为：事发之前线路带电正常运行，没有出现跳闸等异常情况。因原告拒绝司法鉴定导致无法得出唐某某系被电击致死的结论，被告所提供的证据足以排除其从事的高压电输送经营活动造成唐某某死亡的后果，原告提供的证据不足以证明其主张的事实成立，应承担举证不能的后果，判决驳回起诉。

二审法院审理认为：当事人对自己提出的诉讼请求所依据的事实或者反驳对方诉讼请求所依据的事实，应当提供证据加以证明，本案中原告应承担死者唐某某因触电身亡的举证责任。至于上诉人（本案原告）提出的举证责任倒置或是无过错责任，其前提是须确定本案系高压电触电导致的损害。根据会同县公安局的现场勘验笔录，死者唐某某尸表未见明显的致命外伤，眼睛球睑结膜未见出血点，左手拇指和食指第一指节见皮下出血，未见明显的烧焦痕迹，小便失禁。可排除他杀，但不排除被电击及身体突发疾病等意外原因死亡。因此，从现有证据来看，唐某某究竟是触电身亡，还是身体突发疾病等意外死亡尚无法断定，原告作为对唐某某系因触电身亡的事实承担举证责任的一方因未提供证据证明该主张，故应承担举证不能的后果，判决维持一审判决。

※ ※ ※

类案2 用户产权电力设施发生高压触电，谁是高度危险作业的“经营者”？

【裁判规则】用户实际利用自有的高压电力设施进行生产经营活动，符合法律关于“经营者”的界定，应对高压触电侵权行为承担无过错责任。

【类案性质】最高人民法院裁判生效案件

一审：山东省烟台市中级人民法院（2013）烟民一初字第152号民事判决

二审：山东省高级人民法院（2014）鲁民一终字第494号民事判决

再审：最高人民法院（2015）民申字第1767号民事裁定

【相关规定】

《中华人民共和国侵权责任法》

第七十三条 从事高空、高压、地下挖掘活动或者使用高速轨道运输工具造成他人损害的，经营者应当承担侵权责任，但能够证明损害是因受害人故意或者不可抗力造成的，不承担责任。被侵权人对损害的发生有过失的，可以减轻经营者的责任。

《中华人民共和国合同法》

第一百七十八条 供用电合同的履行地点，按照当事人约定；当事人没有约定或者约定不明确的，供电设施的产权分界处为履行地点。

《供电营业规则》

第五十一条 在供电设施上发生事故引起的法律责任，按供电设施产权归属确定。产权归属于谁，谁就承担其拥有的供电设施上发生事故引起的法律责任。但产权所有者不承担受害者因违反安全或其他规章制度，擅自进入供电设施非安全区域内而发生事故引起的法律责任，以及在委托维护的供电设施上，因代理方维护不当所发生事故引起的法律责任。

【基本案情】

原告：某某卫峰冷风库（成峰果品公司）

被告：某某供电公司

2011年8月5日，某某供电公司（供电人）与某某卫峰冷风库（用电人，以下简称“卫峰冷风库”）签订高压供用电合同，约定：供电人由35千伏村里集变（配）电站以10千伏电压，经213开关送出温泉线向用电人第一受电点供电；供用电设施产权分界点为：10千伏温泉线37号专4号杆电源T接点处。用电人应对受电设施进行维护、管理。合同签订后，某某供电公司依约向卫峰冷风库供电。2013年10月20日23时许，某某市公安消防大队接到报警称：成峰果品公司（卫峰冷风库）

发生火灾，火灾烧毁库房5个、加工车间1个，烧毁纸箱、塑料箱、木箱、果品等物品；烧损三层住宅楼1栋、冷库1个和厂内部分物品。2013年11月8日，某某市公安消防大队出具火灾事故认定书，认定起火时间为2013年10月20日22时57分许；起火部位为西侧冷库3号库与4号库常温穿堂南门外北侧堆放的聚乙烯泡沫垫处；起火原因为冷库3号库与4号库常温穿堂南门外北侧距地高约3.5米处的10千伏高压电缆发生短路，短路喷溅的熔珠引燃下方堆放的聚乙烯泡沫垫引发火灾。经鉴定本次火灾事故损失为5123253.14元。

原告诉称：某某供电公司是高压电的供电方，并从供电中获得利益，是涉案电缆的经营者，其对该高压设备拥有支配权并享有运行利益。现涉案电缆发生短路造成火灾的事实清楚，某某供电公司理应承担相应的责任。《10kV及以下架空配电线路工程施工及验收规范》第7章第1条规定，架设10千伏高压电缆，要求电缆与地面距离的最小距离应为5.5米。某某供电公司在成峰果品公司不具备架设高压电力设施的情况下进行高压电力设施架设，导致火灾事故的发生，某某供电公司对此应承担责任。请求法院判令：①某某供电公司赔偿经济损失5123253.14元。②由被告承担本案诉讼费用。

被告辩称：根据高压供用电合同的约定，发生短路的电缆产权属于成峰果品公司，应由成峰果品公司负责日常维护保养，发生短路系成峰果品公司的责任，与某某供电公司无关。

一审法院审理认为：依据《中华人民共和国侵权责任法》第七十三条“从事高空、高压、地下挖掘活动或者使用高速轨道运输工具造成他人损害的，经营者应当承担侵权责任，但能够证明损害时因受害人故意或者不可抗力造成的，不承担责任。被侵权人对损害的发生有过失的，可以减轻经营者的责任”的规定，本案中，某某供电公司是涉案电缆的经营者，其对该高压设备拥有支配权并享有运行利益。现涉案电缆发生短路造成火灾的事实清楚，某某供电公司理应承担相应的责任。某某供电公司认为根据合同约定成峰果品公司应承担火灾事故责任的辩解，于法不符，不予支持。成峰果品公司作为该线路的产权人及管理人在使用涉案电缆时，没有妥善维护，且在电缆下方堆放了大量可燃物导致火灾损失扩大的事实清楚，成峰果品公司对此存在明显的过失，依法可以减轻某某供电公司的责任。

二审法院审理认为：双方在签订的《高压供用电合同》第七条中明确约定，本案中发生事故的高压电力设施的所有权属于用电人即卫峰冷风库，双方各自承担其产权范围内供用电设施上发生事故等引起的法律责任。其次，在该合同的第十六条中明确约定，供电人（某某供电公司）不得擅自越界操作用电人（卫峰冷风库）产权范围内的电力设施。再次，在该合同的第二十四条中明确约定，对发生事故的高压电力设施进行维护和管理的义务方是卫峰冷风库。据此，本案中发生事故的高压电力设施的所有权属于卫峰冷风库，由其对该电力设施进行实际控制、享有利益、履行义务，且更具备客观条件对该电力设施进行管理和维护，并对用电中的风险予以控制和预防，同时，因成峰果品公司自认与卫峰冷风库系一家，且本案中损失评估的委托方和受损者也系成峰果品公司，故应认定成峰果品公司系本案中引起事故的电力设施的经营者，即因高压电造成损失的责任承担主体。

再审法院审理认为：一是《中华人民共和国侵权责任法》第七十三条规定："从事高空、高压、地下挖掘活动或者使用高速轨道运输工具造成他人损害的，经营者应当承担侵权责任，但能够证明损害是因受害人故意或者不可抗力造成的，不承担责任。被侵权人对损害的发生有过失的，可以减轻经营者的责任。"根据该规定，从事高压活动造成他人损害的，经营者应当承担侵权责任。成峰果品公司与某某供电公司签订《高压供用电合同》，约定由成峰果品公司对案涉高压电力设施享有所有权，成峰果品公司实际利用某某供电公司架设的高压电力设施进行生产经营活动，符合法律关于"经营者"的界定，应由成峰果品公司对案涉高压电力设施进行管理和维护。故成峰果品公司关于二审判决曲解"经营者"的主张不能成立。二是本案火灾的起因系成峰果品公司西侧冷库3号库与4号库常温穿堂南门外北侧距地高约3.5米处的10千伏高压电缆发生短路，短路喷溅的熔珠引燃下方堆放的聚乙烯泡沫垫引发火灾。成峰果品公司与某某供电公司签订的《高压供用电合同》第七条约定："供用电设施产权分界点为：10千伏温泉线37号专4号杆电源T接点。……分界点电源侧产权属供电人，分界点负荷侧产权属用电人……双方各自承担其产权范围内供用电设施上发生事故等引起的法律责任。"合同后附的供电接线及产权分界示意图显示，10千伏温泉线37号专4号杆系双方的产权和责任分界点，故案涉高压电力设施产权所有人系成峰果品公司。成峰果品公司对自己享有产权的高压电力设施发生的事故依法承担相应责任，符合权利义务相一致原则，同时也符合《中华人民共和国合同法》第一百七十八条、《供电营业规则》第五十一条的规定。故成峰果品公司关于《高压供用电合同》第七条为无效条款的主张不能成立。三是某某供电公司是否违规架设高压电力设施与本案火灾事故并无直接因果关系。从双方签订的《高压供用电合同》的约定可知，成峰果品公司作为案涉高压电力设施产权所有权人，对于该高压电力设施负有管理和维护之责。但成峰果品公司未按照国家或电力行业电气运行规程定期进行安全检查，及时消除安全隐患，且成峰果品公司明知在高压电力设施下方堆放物品存在安全隐患却仍然堆放易燃聚乙烯泡沫垫，系造成本案火灾事故的主要原因。故成峰果品公司关于某某供电公司违规架设高压电力设施系导致火灾发生主要原因的主张不能成立。

※ ※ ※

类案3 擅自攀爬变压器发生触电的，供电公司能够证明已经采取足够安全措施并尽到充分警示义务的，是否可以不承担责任？

【裁判规则】产权人对涉案变压器已经采取安全措施并尽到警示义务，受害人擅自攀爬变压器发生触电的，可以认定受害人对事故的发生存在重大过错，且不具有善意，产权人依法不应承担赔偿责任。

【类案性质】湖南省高级人民法院裁判生效案件

一审：湖南省岳阳市岳阳楼区人民法院（2020）湘0602民初294号民事判决

二审：湖南省岳阳市中级人民法院（2020）湘06民终3361号民事判决

再审：湖南省高级人民法院（2021）湘民申1489号民事裁定

【相关规定】

《中华人民共和国民法典》

第一千二百四十三条　未经许可进入高度危险活动区域或者高度危险物存放区域受到损害，管理人能够证明已经采取足够安全措施并尽到充分警示义务的，可以减轻或者不承担责任。

《中华人民共和国电力法》

第五十二条第一款　任何单位和个人都不得危害发电设施、变电设施和电力线路设施及其有关辅助设施。

第七十二条　盗窃电力设施或者以其他方法破坏电力设施，危害公共安全的，依照刑法有关规定追究刑事责任。

《电力设施保护条例》

第十三条　任何单位和个人不得从事下列危害发电设施、变电设施的行为：

（一）闯入发电厂、变电站内扰乱生产和工作秩序，移动、损害标志物；

（二）危及输水、输油、供热、排灰等管道（沟）的安全运行；

（三）影响专用铁路、公路、桥梁、码头的使用；

（四）在用于水力发电的水库内，进入距水工建筑物300米区域内炸鱼、捕鱼、游泳、划船及其他危及水工建筑物安全的行为；

（五）其他危害发电、变电设施的行为。

【基本案情】

原告：徐某某等

被告：某某供电公司

2019年11月4日8时许，有群众发现岳阳市岳阳楼区海棠社区石家组征收空地的配电变压器上有一具尸体，遂报警。公安机关赶至现场，经勘查发现一具男尸倒挂在位于一片拆迁空地上的变压器之上，该男子即本案死者杨某某，其生前从事过水电工作。经鉴定，杨某某系触电身亡，其死亡时手戴红色橡胶套，手套可见破损，变压器上有一白色袋子，内装剪刀、钳子等工具。该拆迁地很空旷，远处外围设有围栏等，变压器离地3.5米，周围系荒地、树木等。该配电变压器位于两根电杆中间，下方为线路箱，事发时，变压器下方的线路箱门上设有“高压危险，禁止触摸”的警示标志，变压器左侧的电杆上设有“高压危险，禁止攀爬”的警示标志。2019年11月30日杨某家属向法院提起诉讼。

原告诉称：高压设施设备本身就具有高度的危险性，作为高压电力设施设备的产权人，某某供电公司对废弃的变压器仍不及时拆除并保持通电，且未尽到安全警示义务，放任高度危险源不管，以致原告亲属杨某某触电身亡。请求法院判决：①判令被告赔偿两原告因其亲属杨某某触电死亡导致的死亡赔偿金、丧葬费、精神损害抚慰金损失的50%即441744元；②判令两被告承担本案诉讼费用。

被告辩称：杨某某系故意攀爬至高几米的变压器上触电身亡，其未经许可进入高度危险活动区域或者高度危险物存放区域，加之其攀爬至变压器上故意破坏或盗窃电力设备，某某供电公司依法不承担责任。理由在于：①杨某某系水电工，不但具有成年人的一般判断能力，还具有专业的判断能力，其有明显故意。2019年11月初，杨某某擅自进入岳阳楼区海棠社区石家组封闭的工地内，携带电缆剪、钳子等工具，双手戴有红色橡胶手套，故意攀爬至变压器上，已经将变压器上的电缆线剪断，从而导致触电身亡，其作为具备完全民事行为能力的成年人，又系水电工，其攀爬变压器必然知道高压电的危险，但仍故意攀爬变压器，导致被电击身亡，其故意致使自己身亡，根据《中华人民共和国侵权责任法》第二十七条的规定，损害是因受害人故意造成的，行为人不承担责任。因此，本案的损害后果是杨某某自己造成的，被告依法不承担法律责任。②杨某某存在故意破坏或盗窃电力设备的违法行为，非法行为不应受法律保护。从法院调取的岳阳市公安局岳阳楼分局现场勘查照片、询问笔录和杨某某被电击现场所留下的物品等相关证据，均可以证实杨某某主动爬上变压器，破坏或盗窃电力设备，违法行为非常明显。杨某某系破坏或盗窃电力设备才引起触电身亡，被告依法不承担民事责任。③被告已经采取安全措施并尽到警示义务。从本案的相关证据可以看出，杨某某进入的工地是封闭的，变压器上设置有警示标志，并且变压器离地面距离至少3.5米以上，远高于国家关于柱上变压器设置安全高度2.5米以上的标准，被告已经采取安全措施并尽到警示义务。

一审法院审理认为：死者杨某某并非故意触电，但其作为具有水电工从业经历的人，擅自进入变压器区域剪电缆，超出一般人的注意义务，对触电后果的发生具有严重过失，可以减轻某某供电公司的责任。事发地位于空旷的拆迁区域内，变压器周围系荒野、树木、附近未设置任何安全警示标志，某某供电公司未尽到安全警示义务，法院酌定判决供电公司承担10%的赔偿责任。

二审法院审理认为：本案的触电事故是因杨某某攀爬至离地3.5米以上的变压器所致。对于杨某某所实施的攀爬行为，作为一个有正常行为能力、能够理性判断的个人而言，对于高压变压器及线路的危险是可以预测的，并且，如果出于善良意愿，也不会进入相对封闭的被拆迁工地，进而实施攀爬至变压器上的行为，亦不会去分析和判断涉案变压器是否保留电源。而杨某某有家用电安装经验，对于高压电变压器区域属高度危险区域的认知更高于普通人，其佩戴橡胶手套，进入被拆迁的工地，攀爬至高度超过3.5米的变压器平台上，从而导致触电身亡，变压器上还有一白色袋子，内装剪刀、钳子等工具。以上事实可以体现，杨某某的行为存在重大过错，且不具有善意。同时，高压电虽属于高度危险源，但从社会发展、便利生活的角度，在城乡各地早已广泛布设，其安全提示很难，也无须扩大至高压电源周边广阔的范围。根据事发现场照片显示，本案变压器下方的线路箱门上设有“高压危险，禁止触摸”的警示标志，变压器左侧的电杆上设有“高压危险，禁止攀爬”的警示标志，从安全警示的直接性和对应性功能来说，某某供电公司已完全尽到安全警示义务。另从变压器架设的高度离地约3.5米来看，亦应视为某某供电公司已经采取安全措施。人民法院对于案件审理应体现忠实于法律、维护公平正义、恪守公序良俗的职业担当，对案件裁判应体现社会价值导向，引领遵纪守法的社会风气，弘扬社会主义核心价值观。本案某某供电公司对涉案变压器已经采取安全措施并尽到警示义务，杨某某对事故的造成存在重大过错，且不具有善意，某某供电公司依法不应承担赔偿责任。

再审法院审理认为：本案的触电事故是因杨某某攀爬至离地3.5米以上的变压器所致。而杨某某具有较丰富的家用电安装经验，对于变压器区域属于高度危险区域的认知更高于普通人，其佩戴橡胶手套，进入被拆迁的工地、攀爬至高度超过3.5米的变压器平台上，从而导致触电意外身亡，变压器上还有一白色袋子，内装剪刀、钳子等工具。杨某某自身存在重大过错，且不具有善意。另，本案变压器下方的线路箱门上设有“高压危险，禁止触摸”的警示标志，变压器左侧的电杆上设有“高压危险，禁止攀爬”的警示标志，且变压器架设的高度离地超过3.5米，某某供电公司对涉案变压器已采取了安全措施，并尽到了警示义务，杨某某对事故的发生存在重大过错且不具有善意，某某供电公司不应承担赔偿责任。

※ ※ ※

类案4 擅自进入变电站、开闭所、变压器围栏等非公共场所，供电公司已采取了合理的安全提示和防护措施的，是否应担责？

最高人民法院指导案例141号：支某1等诉北京市永定河管理处生命权、健康权、身体权纠纷案

（最高人民法院审判委员会讨论通过，2020年10月9日发布）

【裁判规则】消力池属于禁止公众进入的水利工程设施，不属于侵权责任法第三十七条第一款规定的“公共场所”。消力池的管理人和所有人采取了合理的安全提示和防护措施，完全民事行为能力人擅自进入造成自身损害，请求管理人和所有人承担赔偿责任的，人民法院不予支持。

【相关法条】

《中华人民共和国侵权责任法》

第三十七条 宾馆、商场、银行、车站、娱乐场所等公共场所的管理人或者群众性活动的组织者，未尽到安全保障义务，造成他人损害的，应当承担侵权责任。

因第三人的行为造成他人损害的，由第三人承担侵权责任；

管理人或者组织者未尽到安全保障义务的，承担相应的补充责任。

【基本案情】

2017年1月16日，北京市公安局丰台分局卢沟桥派出所接李某某110报警，称支某3外出遛狗未归，怀疑支某3掉在冰里了。接警后该所民警赶到现场开展查找工作，于当晚在永定河拦河闸自西向东第二闸门前消力池内发现一男子死亡，经家属确认为支某3。发现死者时永定河拦河闸南侧消力池内池水表面结冰，冰面高度与消力池池壁边缘基本持平，消力池外河道无水。北京市公安局丰台分局于2017年1月20日出具关于支某3死亡的调查结论（丰公治亡查字〔2017〕第021号），主要内容为：经过（现场勘察、法医鉴定、走访群众等）工作，根据所获证据，得出如下结论：①该人系符合溺亡死亡；②该人死亡不属于刑事案件。支某3家属对死因无异议。支某3遗体被发现的地点为永定河拦河闸下游方向闸西侧消力池，消力池系卢沟桥分洪枢纽水利工程（拦河闸）的组成部分。永定河卢沟桥分洪枢纽工程的日常管理、维护和运行由北京市永定河管理处负责。北京市水务局称事发地点周边安装了防护栏杆，在多处醒目位置设置了多个警示标牌，标牌注明管理单位为“北京市永定河管理处”。支某3的父母支某1、马某某，妻子李某某和女儿支某2向法院起诉，请求北京市永定河管理处承担损害赔偿责任。

【裁判结果】

北京市丰台区人民法院于2019年1月28日作出（2018）

京0106民初2975号民事判决：驳回支某1等四人的全部诉讼请求。宣判后，支某1等四人提出上诉。北京市第二中级人民法院于2019年4月23日作出（2019）京02民终4755号民事判决：驳回上诉，维持原判。

【裁判理由】

本案主要争议在于支某3溺亡事故发生地点的查实、相应管理机关的确定，以及该管理机关是否应承担侵权责任。本案主要事实和法律争议认定如下：

一、关于支某3的死亡地点及管理机关的事实认定。首先，从死亡原因上看，公安机关经鉴定认定支某3死因系因溺水导致；从事故现场上看，支某3遗体发现地点为永定河拦河闸前消力池。根据受理支某3失踪查找的公安机关派出所出具工作记录可认定支某3溺亡地点为永定河拦河闸南侧的消力池内。其次，关于消力池的管理机关。现已查明北京市永定河管理处为永定河拦河闸的管理机关，北京市永定河管理处对此亦予以认可，并明确确认消力池属于其管辖范围，据此认定北京市永定河管理处系支某3溺亡地点的管理责任方。鉴于北京市永定河管理处系依法成立的事业单位，依法可独立承担相应民事责任，故北京市水务局、北京市丰台区水务局、北京市丰台区永定河管理所均非本案的适格被告，支某1等四人要求该三被告承担连带赔偿责任的主张无事实及法律依据，不予支持。

二、关于管理机关北京市永定河管理处是否应承担侵权责任的认定。首先，本案并不适用侵权责任法中安全保障义务条款。安全保障义务所保护的人与义务人之间常常存在较为紧密的关系，包括缔约磋商关系、合同法律关系等，违反安全保障义务的侵权行为是负有安全保障义务的人由于没有履行合理范围内的安全保障义务而实施的侵权行为。根据查明的事实，支某3溺亡地点位于永定河拦河闸侧面消力池。从性质上看，消力池系永定河拦河闸的一部分，属于水利工程设施的范畴，并非对外开放的冰场；从位置上来看，消力池位于拦河闸下方的永定河河道的中间处；从抵达路径来看，抵达消力池的正常路径，需要从永定河的沿河河堤下楼梯到达河道，再从永定河河道步行至拦河闸下方，因此无论是消力池的性质、消力池所处位置还是抵达消力池的路径而言，均难以认定消力池属于公共场所。北京市永定河管理处也不是群众性活动的组织者，故支某1等四人上诉主张四被上诉人未尽安全保障义务，与法相悖。其次，从侵权责任的构成上看，一方主张承担侵权责任，应就另一方存在违法行为、主观过错、损害后果且违法行为与损害后果之间具有因果关系等侵权责任构成要件承担举证责任。永定河河道并非正常的活动、通行场所，依据一般常识即可知无论是进入河道或进入冰面的行为，均容易发生危及人身的危险，此类对危险后果的预见性，不需要专业知识就可知晓。支某3在明知进入河道、冰面行走存在风险的情况下，仍进入该区域并导致自身溺亡，其主观上符合过于自信的过失，应自行承担相应的损害后果。成年人应当是自身安危的第一责任人，不能把自己的安危寄托在国家相关机构的无时无刻的提醒之下，户外活动应趋利避害，不随意进入非群众活动场所是每一个公民应自觉遵守的行为规范。综上，北京市永定河管理处对支某3的死亡发生无过错，不应承担赔偿责任。在此需要指出，因支某3意外溺亡，造成支某1、马某某老年丧子、支某2年幼丧父，其家庭境遇令人同情，法院对此予以理解，但是赔偿的责任方是否构成侵权则需法律上严格界定及证据上的支持，不能以情感或结果责任主义为导向将损失交由不构成侵权的他方承担。

（生效裁判审判人员：邢述华、唐季怡、陈光旭）

※ ※ ※

类案5 未安装漏电保护器，供电公司是否有过错？

【裁判规则】防止用户端发生触电事故的剩余电流末级保护应由用户安装和维护，总保护和中级保护的范围是及时切除低压电网主干线路和分支线路上断线接地等产生较大剩余电流的故障。未安装剩余电流末级保护器，用户端低压电力设备发生触电事故的，供电公司没有过错。

【类案性质】湖南省衡阳市中级人民法院裁判生效案件

一审：湖南省衡阳市珠晖区人民法院（2019）湘0405民初440号

二审：湖南省衡阳市中级人民法院（2019）湘04民终2297号

【相关规定】

《中华人民共和国民法通则》

第一百零六条 公民、法人违反合同或者不履行其他义务的，应当承担民事责任。公民、法人由于过错侵害国家的、集体的财产，侵害他人财产、人身的，应当承担民事责任。没有过错，但法律规定应当承担民事责任的，应当承担民事责任。

《中华人民共和国侵权责任法》

第六条 行为人因过错侵害他人民事权益，应当承担侵权责任。

根据法律规定推定行为人有过错，行为人不能证明自己没有过错的，应当承担侵权责任。

第十六条 侵害他人造成人身损害的，应当赔偿医疗费、护理费、交通费等为治疗和康复支出的合理费用，以及因误工减少的收入。造成残疾的，还应当赔偿残疾生活辅助具费和残疾赔偿金。造成死亡的，还应当赔偿丧葬费和死亡赔偿金。

第二十二条 侵害他人人身权益，造成他人严重精神损害的，被侵权人可以请求精神损害赔偿。

第二十六条 被侵权人对损害的发生也有过错的，可以减轻侵权人的责任。

《中华人民共和国电力法》

第三十二条 用户用电不得危害供电、用电安全和扰乱供电、用电秩序。

对危害供电、用电安全和扰乱供电、用电秩序的，供电企业有权制止。

第六十条 因电力运行事故给用户或者第三人造成损害的，电力企业应当依法承担赔偿责任。

电力运行事故由下列原因之一造成的，电力企业不承担赔偿责任：

（一）不可抗力；

（二）用户自身的过错。

《最高人民法院关于确定民事侵权精神损害赔偿责任若干问题的解释》（法释〔2020〕17号）

第八条 因侵权致人精神损害，但未造成严重后果，受害人请求赔偿精神损害的，一般不予支持，人民法院可以根据情形判令侵权人停止侵害、恢复名誉、消除影响、赔礼道歉。

第十条 精神损害的赔偿数额根据以下因素确定：

（一）侵权人的过错程度，法律另有规定的除外；

（二）侵害的手段、场合、行为方式等具体情节；

（三）侵权行为所造成的后果；

（四）侵权人的获利情况；

（五）侵权人承担责任的经济能力；

（六）受诉法院所在地平均生活水平。

法律、行政法规对残疾赔偿金、死亡赔偿金等有明确规定的，适用法律、行政法规的规定。

【基本案情】

原告：胡某某等

被告：某某供电公司

第三人：周某

2018年4月，周某为自家葡萄园用电需求，在本村农田动力线上私自敷设了两根电线，该线路缠绕在邻居周某德葡萄园钢制架子上固定。因疏于管理、维护，该线路绝缘表层发生破损，致使周某德家葡萄园内的金属物上存在漏电现象。2018年8月16日凌晨3时许，周某德与妻子胡某某在自家葡萄园内进行采摘作业，胡某某脚穿雨鞋，周某德为赤脚。胡某某与周某德在作业中先后触碰了带电的铁丝，但胡某某因脚穿雨鞋摆脱了，而周某德触电死亡。当日10时许，周某向公安民警投案并交代了敷设用电线路的全部事实。经司法鉴定，认为两处葡萄园的电线敷设都不符合规范要求，存在严重安全隐患；此次事故的漏电点在周某葡萄园电源下户线的固定处。事发后，周某家属与死者家属签订《人民调解协议书》，约定周某一次性赔偿死者家属33万元。2019年3月15日，周某以犯过失以危险方法危害公共安全罪判处有期徒刑一年，缓刑二年。

原告诉称：周某为抗旱灌溉，自行架接动力线路，采用简易架接方式，使用普通胶线，未使用电磁葫芦，直接将电线缠绕在死者周某德家的葡萄架铁柱上。由于电力线年久失修，电线外层绝缘层破坏脱落，且前一天有下雨现象。2018年8月16日凌晨，周某德与妻子胡某某下田摘葡萄，不知葡萄田中的金属葡萄架已带电。某某供电公司没有及时制止周某擅自将线路架设在自家葡萄架上，且漏电保护器没有正常发挥作用，导致周某德触电死亡，应承担事故的主要责任。请求法院判决：

①判令某某供电公司赔偿死亡赔偿金等共计890279元；②本案诉讼费用由被告承担。

被告辩称：涉案线路是220伏低压线路，产权系周某所有，线路故障系周某维护管理不到位，对周某德触电死亡应承担全部责任。周某已与周某德家属达成赔偿谅解，并支付到位，依法不能再次起诉。

一审法院审理认为：本案系低压触电，应适用过错责任原则确定赔偿。第三人周某因自家葡萄园用电需要，私自敷设电线取电并疏于管理、维护致该线路绝缘表层发生破损进而导致周某德触电死亡，周某的行为是导致本次事故发生的直接原因。参照《农村低压电力技术规程》第5.1.1条："剩余电流动作保护是防止因低压电网剩余电流造成故障危害的有效技术措施，低压电网剩余电流保护一般采用剩余电流总保护（中级保护）和末级保护的多级保护方式。a）剩余电流总保护和中级保护的范围是及时切除低压电网主干线路和分支线路上断线接地等产生较大剩余电流的故障。b）剩余电流末级保护装于用户受电端，其保护的范围是防止用户内部绝缘破坏，发生人身间接接触触电等剩余电流所造成的事故，对直接接触触电，仅作为基本保护措施的附加保护"的规定，及《农村安全用电规程》（DL 493—2001）第4.3.5条："电力使用者的职责：必须安装防触、漏电的剩余电流动作保护器，并做好运行维护工作"的规定，周某在私自敷设电线取电时未在受电端安装剩余电流末级保护器（即漏电断路保护器），也是造成周某德触电身亡的原因之一，故周某对周某德的死亡存在重大过错，应承担主要民事赔偿责任。但周某事后被处以刑事处罚并就民事赔偿部分经衡阳市珠晖区酃湖乡人民调解委员会调解与周某德家属等达成调解协议并已按约定全部履行，现周某德家属再次要求周某进行赔偿，依据不足，依法不予支持。葡萄园上空的电力线由某某供电公司管理，但参照《农村低压电力技术规程》第5.1.1条和《农村安全用电规程》（DL 493—2001）第4.3.5条的规定，该线路变压器上的漏电断路保护器为总保护，周某德的触电地点不在总保护的保护范围，该保护器是否正常工作，不是周某德触电死亡的直接原因，故对周某德家属主张某某供电公司该线路上的漏电断路保护器没有发挥正常作用要求某某供电公司承担赔偿责任的主张，依法不予支持。根据周某德家属和周某的陈述及村干部在公安机关的询问笔录，当地村民为农业生产需要私设电线的现象普遍存在且持续时间较长。依照《中华人民共和国电力法》第三十二条："用户用电不得危害供电、用电安全和扰乱供电、用电秩序。对危害供电、用电安全和扰乱供电、用电秩序的，供电企业有权制止"及《农村安全用电规程》（DL 493—2001）第4.2.5条："电力企业的职责：依法开展安全用电检查工作"，第5.4条"用电设施安装应符合DL/T 499规定的要求，验收合格后方可接电，不准私拉乱接用电设备。临时用电期间用户应设专人看管临时用电设施，用完及时拆除"的规定，某某供电公司应依法开展用电检查工作，对违法用电行为及时予以制止。但某某供电公司在日常巡查线路过程中对周某等采用挂钩接线方式用电等违法用电行为没有制止，未排除安全隐患，在安全管理上存在疏漏，亦是导致周某德触电死亡的间接原因之一，某某供电公司应承担次要责任。周某德作为当地村民其自身亦因生产需要存在私自敷设电线的行为，说明其对私自敷设电线的危害性认识不足，在田间作业时未采取相应安全防范措施，也是导致其死亡的原因之一，其自身存在一定过错，可相应减轻对方的民事赔偿责任，判决供电公司承担35%的责任。

二审法院审理认为：本案受害人周某德电击致死，是因周某私拉乱接供电线路，并把电线缠绕在周某德家葡萄园钢制架子上，后因电线外皮破损，导致钢制架子带电所致，该事实已经生效的某某省衡阳市珠晖区人民法院（2019）湘0405刑初18号刑事判决所确认。结合本案事实，周某私拉乱接电力线路，是导致受害人周某德触电死亡的直接原因，应承担主要民事赔偿责任。但鉴于周某某、胡某某、熊某某与周某已达成民事赔偿调解协议，周某赔偿周某某、胡某某、熊某某33万元并已全部履行，故周某在本案中不再承担民事赔偿责任。根据《中华人民共和国电力法》第三十四条规定："供电企业和用户应当遵守国家有关规定，采取有效措施，做好安全用电、节约用电和计划用电工作。"法律赋予了供电企业在安全用电、维护管理等方面的法定义务。某某供电公司作为专业供电企业，对供电设施、设备负有巡视、检查等职责。某某供电公司在周某私接电线长达4个月的时间内，没有消除电力隐患，确保用电安全，存在一定的过错，应承担本案相应的民事赔偿责任，改判某某供电公司承担20%的民事赔偿责任。

※　※　※

类案6　供电公司员工义务帮用户安装漏电保护器后仍发生触电的，责任应当如何划分？

【裁判规则】一是对低压触电损害赔偿应适用过错归责原则和“谁主张谁举证”的举证原则。

二是供电公司负责总保护和中保护，户保和末级保护属于用户资产，应由用户出资安装并承担维护管理之责。

三是行为人的行为是否构成职务行为时，应以行为人是否以法人或非法人组织的名义实施行为、是否有法人或非法人组织的授权、行为人的行为与授权内容、工作职责的关联性、行为的获益归属等因素综合考虑。

【类案性质】江苏省高级人民法院裁判生效案件

一审：江苏省徐州市贾汪区人民法院（2017）苏0305民初478号

二审：江苏省徐州市中级人民法院（2018）苏03民终3266号

再审：江苏省高级人民法院（2020）苏民申404号

【相关规定】

《中华人民共和国侵权责任法》

第六条 行为人因过错侵害他人民事权益，应当承担侵权责任。

根据法律规定推定行为人有过错，行为人不能证明自己没有过错的，应当承担侵权责任。

第二十六条 被侵权人对损害的发生也有过错的，可以减轻侵权人的责任。

【基本案情】

原告：周某某等

被告：某某供电公司

被告：某某电气公司

2005年8月9日，某某供电局（某某供电公司前身）与周某某的父亲周某军签订低压客户供用电合同，约定以三相四线380伏电压供电，电力设施维护责任分界点在380伏东西线路1—31号电杆T接的接户线与计量器具连接的最后支持物处，最后支持物属供电方，分界点电源侧电力设施属供电方，由供电方负责运行维护管理；分界点负荷侧电力设施属用电方，由用电方负责维护管理。合同还约定了供电方、用电方的权利义务等。约2014年，周某军在自家房屋后增建养牛棚，找人从电线杆上接电用于养牛棚用电。约2015年前，周某军家人找某某供电公司下属供电所的工作人员吴某帮忙，吴某免费为其更换了周某军家人购买的某某牌的漏电断路器。2016年8月4日18时许，李某某在周某军家的养牛场牛棚内操作挤奶机挤牛奶时触电倒地，经抢救无效死亡。2016年8月12日，某某市公安局某某分局物证鉴定室鉴定李某某的死亡原因，结论为："李某某符合电击死亡。"2017年9月14日，漏电保护器生产厂家申请对漏电保护器进行鉴定，对现场取样的漏电断路器，经实验室检测，按下涉案漏电断路器试验按钮，断路器无动作。检查后发现，漏电断路器内部电路板元器件烧毁、导线断开，已无漏电保护功能，但不知损坏时间。涉案漏电断路器额定剩余动作电流最小为100毫安，不适合用于人身的直接触电事故防护。

原告诉称：某某供电公司使用的供电设施未达到安全标准，在李某某触电时供电安全系统未能及时断电，致使其触电死亡。漏电保护器在李某某触电时失灵，某某电气公司生产不合格产品，应承担责任。请求法院判令：①两被告赔偿死亡赔偿金等共计963878元；②本案诉讼费用由被告承担。

被告某某供电公司辩称：涉案的电力设施和器材产权不属于供电公司，供电公司对其没有管理维护义务。用户家中的人身触电通常不可能影响到线路运行，用户发生触电时供电系统不会动作。吴某并没有指定购买漏电保护器，该情况也不能构成供电公司承担责任的依据。

被告某某电气公司辩称：原告使用的DZ20L漏电断路器是工业漏电断路器，有100、300、500毫安三个选用档次，原告家中使用100毫安，而保护人体使用额定剩余电流不能超过30毫安，原告选型错误不能起到保护作用。本案没有证据证明DZ20L漏电断路器存在质量缺陷，触电事故的直接原因是挤奶机漏电发生的事故，与本案涉案的漏电断路器没有关联性。

一审法院审理认为：周某某家庭用电为低压用电，举证责任应根据一般侵权行为的构成要件和“谁主张谁举证”的举证原则，周某某等人应对某某供电公司对其有加害行为、损害事实、加害行为与损害事实有因果关系、行为人主观上有过错进行举证。周某等人的家庭用电为低压用电，对于低压触电损害赔偿应适用过错归责原则。案涉触电事故发生在周某家的养牛棚中，根据低压客户供用电合同的约定，养牛棚属于周某家庭电力设施维护管理责任范围，某某供电公司并无管理维护之责。根据中华人民共和国电力行业标准《农村电网剩余电流动作保护区安装运行过程》的规定，某某供电公司只负责总保护和中级保护，户保和末级保护属于用户资产，应由用户出资安装并承担维护管理之责，某某供电公司对用户家中触电并不负有断电义务。根据《农村安全用电规程》（DL 493—2001）的规定，安装、维护防触、漏电的剩余电流动作保护器的责任在于电力使用者，现并无证据证明某某供电公司负有在用户家中安装漏电电流动作保护装置的义务，故案涉漏电断路器的安装、运行与维护并非某某供电公司的责任。基于此，吴某某不可能受某某供电公司的委派为周某家庭安装漏电断路器，吴某某自己也称系周某家亲戚，帮忙安装漏电断路器，并未收费，周某等人称吴某某系履行职务行为，没有证据证明。

根据国家电力标准中关于末级保护的规定，挤奶机作为手持操作性生产电器，自身应有末级保护及漏电保护功能。经当庭询问，原告表示放弃对挤奶机厂家的诉权及求偿权利。鉴于李某某在操作挤奶机过程中漏电，不能排除挤奶机有质量问题。

根据《最高人民法院关于审理人身损害赔偿案件适用法律若干问题的解释》第五条第一款规定:“赔偿权利人起诉部分共同侵权人的，人民法院应当追加其他共同侵权人作为共同被告。赔偿权利人在诉讼中放弃对部分共同侵权人的诉讼请求的，其他共同侵权人对被放弃诉讼请求的被告应当承担的赔偿份额不承担连带责任……”，故某某电气公司不承担挤奶机厂家的责任。产品质量责任类侵权案件适用无过错举证责任原则，综合考虑全案情况，被告某某电气公司不能举证证明其涉案产品无质量问题，因而不能排除其存在质量上的瑕疵，故认定被告某某电气公司承担20%赔偿责任。

二审法院审理认为：依据《供电营业规则》第五十一条规定:“在供电设施上发生事故引起的法律责任，按供电设施产权归属确定。产权归属于谁，谁就承担其拥有的供电设施上发生事故引起的法律责任。”周某某等人作为用电户，应当安装漏电断路器。因漏电断路器的运行引发的事故，并非供电企业产权范围，某某供电公司不存在过错，不应承担赔偿责任。对于周某某等人主张系吴某指示购买的漏电断路器型号，吴某对此不予认可，周某某等人亦未提供证据予以证明，本院对此不予采信。吴某认可其安装漏电断路器，但主张是免费去帮忙安装，并非职务行为。本院认为，户保和末端保护属于用户资产，应由用户出资安装并承担维护、管理责任。根据《中华人民共和国电力法》《农村低压电力技术规程》等相关规定，无法证实某某供电公司负有在用户电表箱内进线总开关处安装漏电电流动作保护装置的义务。《农村安全用电规程》(DL 493—2001)

关于电力使用者的职责部分4.3.5条规定："电力使用者必须安装防触、漏电的剩余电流动作保护器，并做好运行维护工作。"可见根据现行的电力行业标准，对漏电断路器的运行维护工作不是电力企业的责任，而是电力使用者的责任。吴某虽安装涉案漏电断路器，但其是应周某军的请求，免费帮助其安装，故并非职务行为。

涉案DZ20L型号漏电断路器系某某电气公司生产，事发时安装在涉案线路进线开关处。依据《剩余电流动作保护装置安装和运行》(GB/T 13955—2005)国家标准，对剩余电流保护装置的选用有相关规定，该国家标准指出：手持式电动工具、移动电器、家用电器等设备应优先选用额定剩余动作电流不大于30毫安、一般型(无延时)的剩余电流保护装置；三相四线式380伏电源供电的电气设备应选用三极四线或四极四线式剩余电流保护装置。单台电气机械设备，可根据其容量大小选用额定剩余动作电流30毫安以上、100毫安及以下、一般型(无延时)的剩余电流保护装置。依据上述国家标准及查明的事实，某某供电公司是以三相四线380伏电压向用电方周某军供电，涉案DZ20L型号漏电断路器额定电压为380伏，因所购涉案漏电断路器实际安装在涉案线路进线开关处，并非用于直接接触电击事故的防护，故现有证据无法证实某某电气公司关于涉案漏电断路器选型错误的主张成立。依据苏州华碧微科检测技术有限公司司法鉴定所出具的情况说明，对现场取样的漏电断路器，经实验室检测，按下涉案漏电断路器试验按钮，断路器无动作。无法确认涉案漏电断路器损坏是在发生事故前、发生事故时，还是发生事故后；不能对“是否符合国家相关标准”进行答复；在涉案漏电断路器功能正常且I=100毫安的情况下，发生人体触电事故时有约50%的概率起到漏电保护作用。本案中，李某某在操作挤奶机过程中触电身亡，因周某某等人的原因导致挤奶机灭失，无法对挤奶机进行司法鉴定以排除挤奶机自身问题导致的触电事故。但同时，作为缩小人身电击伤亡事故的漏电断路器，某某电气公司未提供证据证明其生产的涉案DZ20L型号漏电断路器在本案触电事故发生时能够起到自动切断电源的保护作用，因而不能排除其生产的涉案DZ20L型号漏电断路器存在质量上的瑕疵，与李某某触电死亡之间存在一定的因果关系。判决驳回上诉，维持原判。

再审法院审理认为：一是周某某等人的家庭用电为低压用电，对于低压触电损害赔偿应适用过错归责原则。首先，案涉触电事故发生在周某某家的养牛棚中，根据低压客户供用电合同的约定，养牛棚属于周某某家庭电力设施维护管理责任范围，某某供电公司并无管理维护之责。其次，根据中华人民共和国电力行业标准《农村电网剩余电流动作保护器安装运行规程》的规定，某某供电公司只负责总保护和中级保护，户保和末级保护属于用户资产，应由用户出资安装并承担维护管理之责，某某供电公司对用户家中触电并不负有断电义务。再次，根据《农村安全用电规程》（DL 493—2001）的规定，安装、维护防触、漏电的剩余电流动作保护器的责任在于电力使用者，现并无证据证明某某供电公司负有在用户家中安装漏电电流动作保护装置的义务，故案涉漏电断路器的安装、运行与维护并非某某供电公司的责任。基于此，吴某某不可能受某某供电公司的委派为周某家庭安装漏电断路器，吴某某自己也称系周某某家亲戚，帮忙安装漏电断路器，并未收费，周某某等人称吴某某系履行职务行为，没有证据证明。综上，某某供电公司对于案涉触电事故的发生并无过错，周某某等人主张某某供电公司承担损害赔偿责任，没有事实和法律依据。二是案涉触电事故发生后，周某某等人并未及时封存漏电断路器，漏电断路器一直处于使用过程中，导致在司法鉴定时漏电断路器已损坏，无法确认损坏发生在事故前、事故时还是事故之后，因此无法准确判断案涉漏电断路器是否为不合格产品，对此周某某等人负有责任，一、二审判决以无法排除存在质量瑕疵为由判令某某电气公司承担20%的损害赔偿责任，已经照顾了周某某等人的利益，并无不当。

※ ※ ※

类案7 供电公司送达安全隐患整改通知书后，仍发生触电的能否免责？

【裁判规则】供电公司发现高压线下违章行为，送达安全隐患整改通知书并督促整改、同时还设置“有电危险、禁止靠近”的警示标志，应当认定对触电发生没有过错。违章作业行为人拒不改正的，应承担主要责任，供电公司无责。

【类案性质】湖南省衡阳市中级人民法院裁判生效案件

一审：湖南省衡阳县人民法院（2019）湘0421民初3474号

二审：湖南省衡阳市中级人民法院（2020）湘04民终987号

【相关规定】

《中华人民共和国侵权责任法》

第六条 行为人因过错侵害他人民事权益，应当承担侵权责任。

第十五条 承担侵权责任的方式主要有：

（一）停止侵害；

（二）排除妨碍；

（三）消除危险；

（四）返还财产；

（五）恢复原状；

（六）赔偿损失；

（七）赔礼道歉；

（八）消除影响、恢复名誉。

以上承担侵权责任的方式，可以单独适用，也可以合并适用。

第十六条 侵害他人造成人身损害的，应当赔偿医疗费、护理费、交通费等为治疗和康复支出的合理费用，以及因误工减少的收入。造成残疾的，还应当赔偿残疾生活辅助具费和残疾赔偿金。造成死亡的，还应当赔偿丧葬费和死亡赔偿金。

第二十六条 被侵权人对损害的发生也有过错的，可以减轻侵权人的责任。

第三十二条 无民事行为能力人、限制民事行为能力人造成他人损害的，由监护人承担侵权责任。监护人尽到监护责任的，可以减轻其侵权责任。

有财产的无民事行为能力人、限制民事行为能力人造成他人损害的，从本人财产中支付赔偿费用。不足部分，由监护人赔偿。

《中华人民共和国民法总则》

第一百七十六条 民事主体依照法律规定和当事人约定，履行民事义务，承担民事责任。

【基本案情】

原告：廖某

被告：某某工程公司

被告：某某供电公司

某某工程公司承建衡阳县西界公路工程项目，在某某供电公司10千伏台驼线062至063杆之间设立材料场，堆放砂卵石。2019年4月9日，某某供电公司在线路巡检中，发现某某工程公司在10千伏台驼线路062号杆至063号杆之间违章堆放砂卵石，并当即给其公司送达影响线路安全运行告知书，告知书内容为：①立即停止违章堆沙行为；②立即清除线路下砂卵石（确保安全的前提下）。2019年5月25日上午9点左右，廖某与刘某甲、刘某乙等人去某某工程公司砂石场玩耍，廖某在去另一堆砂石过程中，脚滑未站稳，手碰到高压电线，右手、生殖器、双下肢受伤，伤势经鉴定构成八级伤残。

原告诉称：2019年5月25日，廖某到爷爷家度周末，大约9时30分，与刘某甲、刘某乙爬到某某工程公司堆放在高压线下的砂石堆玩耍时，因滑倒不幸碰到高压电线，右手、生殖器、双下肢受伤，伤势经鉴定构成八级伤残。某某工程公司、某某供电公司未尽管理职责，违规堆放砂石致使廖某受伤，请求法院判令：①赔偿医疗费、护理费等共计588832元；②由被告承担本案诉讼费用。

被告某某工程公司辩称：受害人自身和某某供电公司均存在过错，损失计算依据的伤残鉴定报告、受害人户籍均不合理，损失计算错误。

被告某某供电公司辩称：在本案中已经尽到维护管理职责，在事故地点设置了警示标志，下达了清除整改通知书，在本案中没有过错，不应承担民事赔偿责任。某某工程公司在涉案10千伏台驼线062号至063杆间违章堆砂，是造成本案原告受伤的直接原因，应承担本案事故的主要责任。受害人监护人没有尽到监护责任，放任不管，让受害人进入施工现场也有一定的过错。

一审法院审理认为：受害人廖某在某某工程公司堆放的砂卵石上玩耍过程中，由于脚滑未站稳，手碰高压线，造成触电受伤。廖某系限制民事行为能力人，其监护人未尽到监护职责存在过错。根据《中华人民共和国侵权责任法》第二十六条“被侵权人对损害的发生也有过错的，可以减轻侵权人的责任”之规定，受害人因触电受伤造成的损失，应在自身过错范围内承担相应责任。某某工程公司在高压线下违章堆放砂卵石，导致对地最小安全距离未能达到标准，未设置警示标志。且在收到影响线路安全运行告知书后，清除高压线下砂卵石未整改到位，未彻底清除安全隐患，最终导致原告受伤，故某某工程公司对触电的损失应承担主要责任。某某供电公司系10千伏台驼线的产权人，在线路巡检时，发现某某工程公司违章堆放砂卵石，影响线路安全运行，并要求其公司停止违章堆沙行为，立即清除线路下砂卵石，设有警示标志，已完全履行了消除线路安全隐患义务，故某某供电公司在本案中没有过错，对本案不承担赔偿责任。廖某在某某工程公司堆放的砂卵石上玩耍过程中，由于脚滑未站稳，手碰高压线，造成触电受伤。原告系限制民事行为能力人，其监护人未尽到监护职责，原告对其损害事实的发生自身存在过错，故原告损失自负部分应由监护人自行负担。被告某某工程公司在高压线下堆放砂卵石，砂卵石堆放高度与高压线垂直距离不能达到安全标准，且未设置警示标志，造成原告触电受伤，应承担本案主要责任，一审判决某某工程公司承担80%的责任，原告自担20%的责任。

二审法院审理认为：某某工程公司提出廖某自身行为有过错，应当承担总赔偿额的30%。经查，一审法院考虑廖某系未成年人等具体情况，结合当事人过错大小，确认廖某的父母承担20%的监护责任，处理恰当。某某工程公司上诉称，被上诉人某某供电公司在本案中有过错，应承担20%的赔偿责任。经查，某某供电公司已提供充分证据证明，其在事故发生前巡检线路时，发现某某工程公司在高压线下违章堆放砂卵石，当即向某某工程公司送达告知书，要求某某工程公司停止违章堆砂行为，清除砂卵石，同时设置了警示标志，积极采取了措施，在本案中没有过错。上诉人不能提供相反证据否定上述事实，对某某工程公司该上诉意见，本院亦不予支持，判决驳回上诉维持原判。

第二章

供用电违约责任纠纷类案

违约责任：合同关系的债务人因不履行或不适当履行合同而应向对方当事人承担的财产责任。

一、违约责任归责原则

（一）严格责任原则

《中华人民共和国民法典》关于违约责任的一般规定沿用了《中华人民共和国合同法》第一百零七条的规定，采用严格责任原则，在债务人无过错的场合仍应承担违约责任，除非存在法律规定免责的情形，如不可抗力造成的合同履行障碍。

（二）承担违约责任的法定方式

根据《中华人民共和国民法典》第五百七十七条规定，当事人违约的，应当承担继续履行、采取补救措施或者赔偿损失等违约责任。

继续履行，又称强制履行，指违约方不履行合同时，由国家强制违约方继续履行合同债务，使守约方尽可能地取得约定的标的。常见的有金钱给付、房屋、土地使用权及票证等可强制执行标的。

采取补救措施：如果债务人交付的标的物或提供的工作成果不符合约定的标准，但符合债权人需要的，债权人根据标的的性质以及损失的大小，可以合理选择请求债务人承担修理、重作及更换等。

赔偿损失：由于不履行合同义务或者履行合同义务不符合约定，造成债权人财产或者利益减少，由债务人以金钱赔偿方式赔偿的一种违约责任形式，是世界各国所一致认可的、最重要的一种违约救济方法。我国违约金以补偿损失为主、惩罚违约为辅，如《中华人民共和国消费者权益保护法》第五十五条规定。赔偿的损失包括直接损失和间接损失，间接损失即可得利益，因对方违约失去的可以预期取得的利益。

《民商事合同指导意见》明确指出：根据交易的性质、合同目的等因素，可得利益损失主要分为生产利益损失、经营利润损失和转售利润损失等类型。

实践中，确定可得利益损失数额主要有以下五种方法：

一是差额法，即依照通常方法比照受害人相同条件下所获取的利益来确定应赔偿的可得利益损失。差额原则是以合同履行后的状况作为参考，为一种假设的财产状况，在买卖合同计算起来比较方便。

二是约定法，即当事人直接在合同中约定损失赔偿额的计算方法。在约定法与差额法计算的损失存在较大差距的情况下，可以基于实际损失进行调整，如《中华人民共和国民法典》第五百八十五条第二款。

三是类比法，即比较守约方相同或类似的其他单位在类似条件下所能获取的利益来确定可得利益的赔偿数额。使用此法的前提是守约方统筹能够获得比较稳定的财产权益。

四是估算法，即人民法院难以确定损失数额时，根据案件的实际情况，酌定一个赔偿数额的方法，一般根据当事人过错大小、行业利润等酌定。

五是综合衡量法，即根据获利情况、当事人的过错情况及合同履行时的经济形势等因素综合判断，以差额原则为基础，在考虑守约方因违约方违约遭受的实际损失或可能遭受的实际损失为基础进行裁量，系无法根据差额法、类比法、约定法、估算法等方法予以计算的情况下所采纳的方法。

二、办案心得

（一）供电公司违约的主要表现与主要抗辩理由

供电公司违约主要表现在电能质量不合格、未按规定提前通知停电等，根据《中华人民共和国民法典》第五百八十四条规定，应当赔偿对方的损失，包括合同履行后可以获得的利益。

供电公司主要抗辩理由为减轻损害规则、合理预见规则和违约金酌减规则。

减轻损害规则：根据《中华人民共和国民法典》第五百九十一条规定，一方违约并造成损失后，受害人必须采取合理措施防止损害的扩大，否则受害人不得就扩大损失部分请求赔偿。

合理预见规则：根据《中华人民共和国民法典》第五百八十四条规定，赔偿损失不得超过违约一方订立合同时预见或者应当预见到的因违反合同可能造成的损失。

违约金酌减规则：根据《中华人民共和国民法典》第五百八十五条规定，约定的违约金过分高于造成的损失的，人民法院或者仲裁机构可以根据当事人的请求予以适当减少。实践中一般直接适用《合同法司法解释（二）》的规定，查明实际损失，考虑合同履行情况、当事人的过错程度、对可得利益损失的预见、是否是商事合同等。

实践中供电公司主要抗辩时有：一是供用电合同约定用电

类别（性质）与用户实际不一致，提供的电能符合合同约定；二是用户没有根据国家规定或合同约定配备安保电源、应急电源，导致损失发生或扩大；三是用户已知或应知供电公司已违约，但没有采取措施防止损失扩大；四是原告证明损失的证据是否合法、充分；五是双方是否存在供用电合同关系。

（二）用电人违约的主要情形

用电人的违约主要是拖欠电费、窃电。供电公司根据《中华人民共和国民法典》第五百八十四条、第五百八十五条规定，可以要求用电人根据合同约定支付违约金或者要求赔偿损失此类纠纷实践中存在争议较多的为供用电双方没有签订供用电合同时供电公司该如何主张违约责任；供电公司主张适用《供电营业规则》第九十八条、第一百零三条计算违约金是否过高。从裁判文书网收集案例来看，有支持按《供电营业规则》规定计算违约金的，也有认为违约金过高进行调整的。因此在实践中建议有合同约定按合同约定主张违约金，没有合同约定按《供电营业规则》主张违约金。对于窃电量，应当以司法鉴定为准，双方协商的应以智能表计记录为参考。

三、相关类案

类案1　虽然供电质量不合格，但供电公司亦不承担扩大损失赔偿责任？

【**裁判规则**】供电质量不合格的，用户应当采取适当措施防止损失的扩大。没有采取适当措施致使损失扩大的，不得就扩大的损失要求赔偿。

【类案性质】最高人民法院裁判生效案件

一审：贵州省毕节市中级人民法院（2016）黔05民初52号民事判决

二审：贵州省高级人民法院（2018）黔民终802号民事判决

再审：最高人民法院（2019）最高法民申795号民事裁定

【相关规定】

《中华人民共和国合同法》

第一百一十三条 当事人一方不履行合同义务或者履行合同义务不符合约定，给对方造成损失的，损失赔偿额应当相当于因违约所造成的损失，包括合同履行后可以获得的利益，但不得超过违反合同一方订立合同时预见到或者应当预见到的因违反合同可能造成的损失。

经营者对消费者提供商品或者服务有欺诈行为的，依照《中华人民共和国消费者权益保护法》的规定承担损害赔偿责任。

第一百一十九条 当事人一方违约后，对方应当采取适当措施防止损失的扩大；没有采取适当措施致使损失扩大的，不得就扩大的损失要求赔偿。

当事人因防止损失扩大而支出的合理费用，由违约方承担。

第一百七十九条 供电人应当按照国家规定的供电质量标准和约定安全供电。供电人未按照国家规定的供电质量标准和约定安全供电，造成用电人损失的，应当承担损害赔偿责任。

【基本案情】

原告：中水化工公司

被告：某某供电局

2007年11月10日，原告中水化工公司（甲方）与某某供电局（乙方）签订供用电合同，合同第二条约定："用电性质。（一）行业分类：冶炼（电石生产）。（二）用电分类：大工业电价。（三）负荷特性：1.负荷性质为一类负荷；2.负荷时间特性为连续性负荷"。第四条约定："供电方式。供电方向用电方提供三相交流50赫兹电源，单回路向用电方供电。"第十一条约定："在电力系统正常情况下，乙方应向甲方连续供电，电能质量应符合国家标准或行业标准。频率偏差50赫兹±0.2赫兹。电压允许偏差为：35千伏等级电压为不超过±7%额定电压。用电功率因素导致电压偏差：$\cos\phi=0.9$及以上为±5%额定电压"。根据国家规定一类负荷应配备双电源，某某供电局于2008年3月8日向中水化工公司实行单电源供电，但因向中水化工公司供电严重影响周边片区供电，于2008年10月19日中止供电。根据中水化工公司申请鉴定，其结论为某某供电局观风海变电站至中水电石厂35千伏供电线路电压偏差为15.7%，供电质量未达到合同约定标准和国家标准。经评估，评估结论为"在持续生产的前提下，成本增加额（即经济损失）评估值为14569037.05元"。

原告诉称：某某供电局未按合同约定向其输送符合国家标准的电压，已经构成违约，对由此造成的损失，依法应当承担赔偿责任，请求判令：①判决某某供电局赔偿因供电质量达不到国家标准或行业标准造成的经济损失14569037.05元；②判决被告承担本案所需的诉讼费用、鉴定费用及评估费用。

被告答辩：一是本案已超过诉讼时效；二是重庆渝能司法鉴定所的鉴定意见系单方委托，取值有误不能采用；三是无证据证明供电质量不合格。

一审法院审理认为：根据《中华人民共和国民事诉讼法》第七十八条规定，鉴定人应当出庭作证。经人民法院通知，鉴定人拒不出庭作证的，鉴定意见不得作为认定事实的根据。本案中，被告对鉴定意见提出了异议，按前述规定，鉴定人员应当出庭作证，但鉴定机构经本院通知，未派鉴定人员出庭作证，故依照前述规定，重庆渝能司法鉴定所的鉴定意见不能作为认定供电质量是否合格的依据。根据被告的重新鉴定申请，重新委托鉴定，但本院对外委托办公室与多家鉴定机构联系，都回复不能做。根据《最高人民法院关于适用〈中华人民共和国民事诉讼法〉的解释》第九十条规定："当事人对自己提出的诉讼请求所依据的事实或者反驳对方诉讼请求所依据的事实，应当提供证据加以证明，但法律另有规定的除外。在作出判决前，当事人未能提供证据或者证据不足以证明其事实主张的，由负有举证证明责任的当事人承担不利的后果。"原告应当对被告供电质量不符合国家标准和合同约定标准承担证明义务，但原告现有证据不能证明。被告2008年3月至10月向原告供电，若这期间电能质量产生异常，不管从合同约定还是从常理上，原告应当会多次通知被告供电质量问题，但原告未能证明其存在通知被告供电质量异常的事实，故即使供电质量确实存在异常，在原告未履行及时告知被告电能质量异常义务的情况下，按照合同第三十一条第二款第三项的约定，原告亦不能向被告主张损失赔偿。原告所主张的诉讼请求，证据不足，一审法院不予支持。

二审法院审理认为：一是某某供电局未配备双电源不构成违约。双方当事人签订供用电合同第二条第三款约定：负荷性质为一类负荷，负荷时间特性为连续性负荷。根据《供配电系统设计规范》（GB 50052—1995）3.0.2规定：一级负荷的供电电源应符合下列规定：一级负荷应由两个电源供电；当一个电源发生故障时，另一个电源不应同时受到损坏。按此规定，某某供电局若按照一类负荷供电，应当为中水化工公司匹配两个电源进行供电。而同时双方又在合同第四条约定供电方式为：供电方向用电方提供三相交流50赫兹电源，单回路向用电方供电；第六条第一款约定设备产权及维护分界点设在35千伏施中线65—66号杆间“T”接到厂区处分接点。即前述约定中，中水化工公司并未要求某某供电局为其匹配两个电源，且默认电源接线方式为“T”接。本院认为，当合同中出现相互矛盾的约定时，应当结合双方履行合同的真实情况解读合同约定的具体内容。本案中，双方当事人虽然明确涉案项目用电的负荷性质是一类负荷，但对于单回路供电及T接方式供电，中水化工公司知晓并将其约定于合同中，在其后的合同履行中，中水化工公司也未曾因某某供电局的供电方式提出异议，故双方应当按照经协商后的具体供电方式条款履行合同，《供配电系统设计规范》（GB 50052—1995）3.0.2中关于一类负荷的用电标准不能约束双方当事人，某某供电局未按一类负荷标准供电不构成违约。

二是某某供电局供电质量未达到合同约定标准和国家标准已构成违约。威宁县法院于2011年8月20日委托重庆渝能司法鉴定所就威宁县供电局观风海中水变电站35千伏供电线路供电质量进行鉴定，该鉴定书是上诉人中水化工公司提交的证明某某供电局供电质量不符标准的关键性证据，对该鉴定书是否采信将直接影响对某某供电局是否违约的认定。本院认为，对于该鉴定书采信与否，应从以下因素进行判断。首先，鉴定意见书中选取35千伏作为电压取值是否得当、鉴定意见书缺乏相关资料所作出的结论是否影响其真实性和客观性，由此带来的不利后果应由谁承担。本院认为，对于双方争议较大的35千伏取值的问题，根据双方约定的合同及前述《关于确保供电质量的通知》《供电线路中间搭接的用户说明》可知，该线路额定电压为35千伏，虽然实际运行电压与该值之间可能存在误差，但由于上述数据资料处于某某供电局的控制范围内，该局又无法向法院提供准确数据，在资料缺失的情形下，鉴定单位根据国家标准及额定电压进行取值并无不当，该事实不影响鉴定意见书的真实性和客观性。某某供电局作为数据资料保管者，负有保存资料的义务，因无法提供该资料导致的不利后果当然由其承担，不可归责于上诉人中水化工公司一方。一审法院审理认为供电端变压器中压输出范围最低档为36.575千伏，而鉴定意见采用输出端电压为35千伏，与事实明显不符，据此不采信鉴定意见书。本院认为，一审查明事实中认定的36.575千伏为电源端使用的变压器中压输出端最低档电压，系未承载负荷的空转电压，而鉴定意见书中选取的35千伏是电压实际运行中的线路电压，两者不具可比性。一审法院以此否定鉴定意见书的客观性略有不当，本院予以纠正。一审中鉴定人未出庭是否影响法院对该鉴定意见书的采信。本院认为，一审中鉴定人未出庭系客观原因造成，并非鉴定人主观不愿出庭、不配合法庭调查，故不能将客观情形导致鉴定人不能出庭的不利因素归责于上诉人一方。本院二审中，鉴定人获准参加出庭并向本院说明鉴定程序、鉴定依据等相关情况，接受了法庭的询问及双方当事人的质询。同时，某某供电局也未向本院提供证据证明鉴定意见书存在程序错误、计算方式明显错误等影响该鉴定意见书真实性和客观性的情形。综上，本院认为该鉴定意见书程序合法、鉴定有据，依法应当予以采信，根据其结论，某某供电局观风海变电站至中水电石厂35千伏供电线路电压偏差为15.7%，供电质量未达到合同约定标准和国家标准。

三是某某供电局是否应当承担违约损害赔偿责任。根据《中华人民共和国合同法》第一百七十九条之规定，供电人应当按照国家规定的供电质量标准和约定安全供电。供电人未按照国家规定的供电质量标准和约定安全供电，造成用电人损失的，应当承担损害赔偿责任。具体到本案，如前所述，供电方某某供电局未按约向用电方中水化工公司供电，输送电能质量不符合国家标准，电能质量偏差不在国家标准和当事人约定范围，在一定程度上影响中水化工公司的生产，由于本案所涉标的物电石的特殊性以及其生产对电压的依赖程度，本院认为，某某供电局输送的电能质量与中水化工公司之间的损失存在一定因果关系，由于电能质量不符合约定标准，输送电压波动范围过大，造成中水化工公司损失的，某某供电局应当承担赔偿责任。

四是中水化工公司未尽到减损义务，某某供电局只承担部分损失。本案中，威宁县法院通过两次评估估算中水化工公司的损失，本院对该两份评估报告的效力评述如下：对于某某资产评估事务所出具的报告，在第十二条“特别事项说明”第三款记载：“本报告未考虑由于供电不符合同要求，供电电压不稳定对产品质量的影响而造成的经营损失，亦未考虑临时性停电、停水和因供电不足政策性压负荷等因素的影响”，由于本案所涉赔偿责任产生的基础是某某供电局提供的电能质量不符合合同约定，评估损失必须考虑该因素造成的影响，但某某资产评估事务所出具的报告未考虑该核心要素，本院认为其报告与本案不具关联性，对该报告不予采信。对于贵州皓天价格评估司法鉴定所的评估报告，因该报告系在仅有一方当事人知情的情形下作出，本院对该报告同样不予采信。由此，关于中水化工公司所受之损失，本院认为，应当严格依据《中华人民共和国合同法》第一百一十三条第一款之规定，限定在当事人签订合同时能预见到或应当预见到的损失范围。根据本院查明事实，中水化工公司在3月份投入生产，完成第一批电石后进行销售，在发现产品发气量降低导致销售单价低于合同约定单价时，中水化工公司并未向某某供电局就电能质量提出相关异议。根据《中华人民共和国合同法》第一百一十九条关于减损规则的规定，当事人一方违约后，对方应当采取适当措施防止损失的扩大；没有采取适当措施致使损失扩大的，不得就扩大的损失要求赔偿。作为用电方，中水化工公司在生产电石过程中发现某某供电局输送电能不符合约定，应当采取适当措施防止损失的扩大，即应第一时间通知某某供电局，与该局协商要求提高电能质量。而本案中，中水化工公司未向法院提供相关证据证明其已履行了通知义务，并采取了止损措施。据此，本院认为，对于2008年3月首次销售之后所产生的可预见损失，中水化工公司未尽到减损义务，存在一定过错，某某供电局对该部分损失不承担赔偿义务。

再审法院审理认为：中水化工公司以缔约过失责任纠纷为由提起再审申请，本案争议焦点集中于履行合同而非订立合同的过程中，原审法院以供用电合同纠纷为案由进行审理并无不当。某某供电局供给中水化工公司的电能质量不符合《供用电合同》约定，属于未按合同约定全面履行合同义务，应当承担违约损害赔偿责任。中水化工公司在销售第一批电石后，发现产品发气量降低导致销售单价低于合同约定单价时，应当按照《供用电合同》第二十六条第二项约定及时通知某某供电局，以便协商要求提高电能质量以防止损失扩大。本案审理过程中，中水化工公司未向原审法院提供相关证据证明其履行了通知义务或采取了其他止损措施。根据《中华人民共和国合同法》第一百一十九条之规定，当事人一方违约后，对方应当采取适当措施防止损失的扩大；没有采取适当措施致使损失扩大的，不得就扩大的损失要求赔偿。二审法院认定中水化工公司对于2008年3月首次销售之后所产生的损失未尽到减损义务，存在过错，据此免除某某供电局承担该部分损失的处理并无不当。至于中水化工公司提出的其所从事的电石生产直接停产的损失远远大于继续生产的损失，该损失即便是可预见同样也属于无法避免，减损的义务在某某供电局而不在中水化工公司的问题。本院认为，因中水化工公司用电所生产的电石产品对于用电质量具有较高要求的特殊性，中水化工公司在签订供用电合同时应知这一特殊性，其应当在签订供用电合同前对某某供电局的供电能力以及所能够提供的电力质量进行必要的考察论证等可行性调查，在供用电合同履行过程中出现供电质量不符合其要求时应当及时向供电方提出整改要求，不能以此认定减损义务应归于供电方某某供电局。关于中水化工公司提出二审法院审判程序违法的申请理由。就本案而言，有关如何防止损失扩大、采取措施后能否避免损失，以及如不能完全避免损失时应如何确定损失数额等问题，属于当事人需按照民事诉讼法律自行举证证明的范围，并非属于必须由人民法院在案件审理过程中进行诉讼指导或释明的范畴，中水化工公司以此理由认为二审法院违反法定程序缺乏法律依据，本院不予支持，驳回中水化工公司再审申请。

※ ※ ※

类案2 用电人拖欠电费，应按什么标准计算违约金?

【裁判规则】当事人认为供用电合同约定违约金过高申请调减违约金的，应按照中国人民银行同期贷款基准利率上浮30%计算违约金。

【类案性质】最高人民法院裁判生效案件

一审：贵州省高级人民法院（2018）黔民初67号民事判决

二审：最高人民法院（2019）最高法民终154号民事判决

【相关规定】

《中华人民共和国合同法》

第一百零七条　当事人一方不履行合同义务或者履行合同义务不符合约定的，应当承担继续履行、采取补救措施或者赔偿损失等违约责任。

第一百一十四条　当事人可以约定一方违约时应当根据违约情况向对方支付一定数额的违约金，也可以约定因违约产生的损失赔偿额的计算方法。

约定的违约金低于造成的损失的，当事人可以请求人民法院或者仲裁机构予以增加；约定的违约金过分高于造成的损失的，当事人可以请求人民法院或者仲裁机构予以适当减少。

当事人就迟延履行约定违约金的，违约方支付违约金后，还应当履行债务。

《最高人民法院关于适用〈中华人民共和国合同法〉若干问题的解释（二）》（法释〔2009〕5号）

第二十九条　当事人主张约定的违约金过高请求予以适当减少的，人民法院应当以实际损失为基础，兼顾合同的履行情况、当事人的过错程度以及预期利益等综合因素，根据公平原则和诚实信用原则予以衡量，并作出裁决。

当事人约定的违约金超过造成损失的百分之三十的，一般可以认定为合同法第一百一十四条第二款规定的“过分高于造成的损失”。

【基本案情】

原告：金兰公司

被告：某某供电局

第三人：某某电力

2014年3月3日，金兰公司与某某供电局签订供用电合同（高压），合同约定："8.7 用电方逾期交纳电费，应承担违约责任。违约金自逾期之日起，当年欠费的，每日按欠费总额的2‰计算。跨年度欠费的，每日按欠费总额的3‰计算。"2018年5月23日，金兰公司与某某供电局共同签署了《欠缴电费本金确认单》，载明："2014年欠费金额为102279285.33元；2015年欠费金额为46969547.24元；2017年欠费金额为16788209.73元。合计166037042.30元"。鉴于上述确认单确认的金额包含了本案某某供电局及某某电力在内的四家供电企业的电费，某某供电局根据上述确认单于2018年11月12日提交了统计表，就金兰公司所欠电费及违约金进行统计。该统计表显示：2014年金兰公司欠某某供电局电费23930272.2元；2015年金兰公司欠某某电力电费41956555.35元和9562005元；2017年金兰公司欠某某电力电费16781439.65元。

原告诉称：自2014年1月25日起，金兰公司便开始拖欠电费，截至2017年12月，金兰公司共计拖欠电费92237042.30元，按供用电合同约定应付违约金245602843.01元，共计337839885.31元。金兰公司在享受原告提供的供电服务后欠缴电费的行为，严重损害了原告的合法权益，其应当按照合同约定承担违约责任。请求依法判决金兰公司立即向原告支付截至

2017年12月28日拖欠的电费92237042.30元，并按合同约定支付违约金直至付清电费之日止（截至2017年12月应付违约金245602843.01元），共计337839885.31元。

被告金兰公司答辩：一是本案中违约金的起算时间点应为2018年8月31日；二是本案中原告主张的违约金过高，本案中违约金的计算标准应参照同期中国人民银行存款利率50%进行计算。原告主张违约金按日千分之三计算，折合年利率为108%，答辩人迟交电费的行为，给原告带来的仅是银行存款利息损失；三是虽然达成的和解协议已对欠费本金进行确认，但还应进一步向合议庭举证欠费本金的相关证据。

一审法院审理认为：关于金兰公司按照什么标准向某某供电局及某某电力支付违约金的问题。某某供电局主张：按照约定违约金自欠费之日起，当年欠费的，每日按照欠费总额的千分之二计算；跨年度欠费的，每日按欠费总额的千分之三计算，并按合同约定支付违约金直至付清电费之日止（截至2017年12月应付违约金245602843.01元）。某某电力主张：因合同约定违约金计算标准过高，请求按照2015—2017年欠费总额6830万元的30%计算本案违约金为2049万元。金兰公司以违约金约定过高提出减少，认为某某供电局主张违约金按日千分之三计算，折合年利率为108%，某某电力主张违约金按欠费本金额30%计算，违约金达2000余万元。但金兰公司迟交电费的行为，给某某供电局及某某电力带来的仅是银行存款利息损失。根据《最高人民法院关于适用〈中华人民共和国合同法〉若干问题的解释（二）》第二十九条之规定，并结合本案中金兰公司滚动付款行为及本案中金兰公司为履行与某某供电局等达成的本金和解协议而四处筹借1.6余亿元的客观困难情况，恳盼法院判决违约金的计算标准参照同期人民银行存款利率50%进行计算。对此问题，一审法院审理认为，依据《中华人民共和国合同法》第一百一十四条："当事人可以约定一方违约时应当根据违约情况向对方支付一定数额的违约金，也可以约定因违约产生的损失赔偿额的计算方法。约定的违约金低于造成的损失的，当事人可以请求人民法院或者仲裁机构予以增加；约定的违约金过分高于造成的损失的，当事人可以请求人民法院或者仲裁机构予以适当减少"的规定，法院可以根据当事人的申请对双方约定的违约金予以调整。依据《最高人民法院关于适用〈中华人民共和国合同法〉若干问题的解释（二）》第二十九条："当事人主张约定的违约金过高请求予以适当减少的，人民法院应当以实际损失为基础，兼顾合同的履行情况、当事人的过错程度以及预期利益等综合因素，根据公平原则和诚实信用原则予以衡量，并作出裁决。当事人约定的违约金超过造成损失的百分之三十的，一般可以认定为合同法第一百一十四条第二款规定的过分高于造成的损失"的规定，金兰公司有权请求对双方约定的违约金计算标准进行调减。按照约定，金兰公司向某某供电局支付的违约金按日千分之三计算，折合年利率为108%，明显过高，应当予以调减；某某电力主张违约金按欠费本金额30%计算，没有合同依据，也无法律规定，不予支持。某某供电局及某某电力所受损失系资金占用成本，对此损失金兰公司理应以未付电费为基数按照中国人民银行同期贷款基准利率上浮30%向某某供电局及某某电力支付违约金。金兰公司主张违约金的计算标准参照同期人民银行存款利率50%进行计算无法律依据，不予支持。判决金兰公司自本判决生效之日起10日内向某某供电局支付违约金。违约金计算为：按照中国人民银行同期贷款基准利率上浮30%计算，以23930272.2元为基数，从2015年1月1日起计算至付清之日止。

二审法院审理认为：依据《中华人民共和国合同法》第一百一十四条："当事人可以约定一方违约时应当根据违约情况向对方支付一定数额的违约金，也可以约定因违约产生的损失赔偿额的计算方法。约定的违约金低于造成的损失的，当事人可以请求人民法院或者仲裁机构予以增加；约定的违约金过分高于造成的损失的，当事人可以请求人民法院或者仲裁机构予以适当减少"的规定，人民法院可以根据当事人的申请对双方约定的违约金予以调整。依据《最高人民法院关于适用〈中华人民共和国合同法〉若干问题的解释（二）》第二十九条"当事人主张约定的违约金过高请求予以适当减少的，人民法院应当以实际损失为基础，兼顾合同的履行情况、当事人的过错程度以及预期利益等综合因素，根据公平原则和诚实信用原则予以衡量，并作出裁决。当事人约定的违约金超过造成损失的百分之三十的，一般可以认定为合同法第一百一十四条第二款规定的过分高于造成的损失"的规定，金兰公司可以申请对双方约定的违约金计算标准进行调减。按照约定，金兰公司向某某供电局支付的违约金按日千分之三计算，折合年利率为108%。一审法院审理认为，按此约定，违约金明显过高，应予调减。

因某某供电局及某某电力所受损失系资金占用成本，故一审法院判决金兰公司以其欠付电费为基数按照中国人民银行同期贷款基准利率上浮30%向某某供电局及某某电力支付违约金。鉴于一审法院已经根据金兰公司的申请调减了违约金计算标准，且金兰公司主张违约金的计算标准参照同期人民银行存款利率进行计算无法律依据，本院不予支持。

※　※　※

类案3　用电人拖欠电费，主张违约金过高的举证责任在谁？

【裁判规则】用电人主张违约金过高，但未提交证据证明，人民法院不予支持。

【类案性质】山东省青岛市中级人民法院裁判生效案件

一审：山东省青岛市黄岛区人民法院（2021）鲁0211民初2056号民事判决

二审：山东省青岛市中级人民法院（2021）鲁02民终6097号民事判决

【相关规定】

《中华人民共和国民法典》

第六百五十四条　用电人应当按照国家有关规定和当事人的约定及时支付电费。用电人逾期不支付电费的，应当按照约定支付违约金。经催告用电人在合理期限内仍不支付电费和违约金的，供电人可以按照国家规定的程序中止供电。

第五百八十五条 当事人可以约定一方违约时应当根据违约情况向对方支付一定数额的违约金，也可以约定因违约产生的损失赔偿额的计算方法。

约定的违约金低于造成的损失的，人民法院或者仲裁机构可以根据当事人的请求予以增加；约定的违约金过分高于造成的损失的，人民法院或者仲裁机构可以根据当事人的请求予以适当减少。

当事人就迟延履行约定违约金的，违约方支付违约金后，还应当履行债务。

《电力供应与使用条例》(2019年修正)

第三十九条 违反本条例第二十七条规定，逾期未交付电费的，供电企业可以从逾期之日起，每日按照电费总额的1‰至3‰加收违约金，具体比例由供用电双方在供用电合同中约定；自逾期之日起计算超过30日，经催交仍未交付电费的，供电企业可以按照国家规定的程序停止供电。

《供电营业规则》

第九十八条第一款，用户在供电企业规定的期限内未交清电费时，应承担电费滞纳的违约责任。电费违约金从逾期之日起计算至交纳日止。每日电费违约金按下列规定计算：

(1)居民用户每日按欠费总额的1‰计算；

(2)其他用户：当年欠费部分，每日按欠费总额的2‰计算；跨年度欠费部分，每日按欠费总额的3‰计算。

《全国法院民商事审判工作会议纪要》(法〔2019〕254号)

50.认定违约金是否过高，一般应当以《合同法》第113条规定的损失为基础进行判断，这里的损失包括合同履行后可以获得的利益。除借款合同外的双务合同，作为对价的价款或者报酬给付之债，并非借款合同项下的还款义务，不能以受法律保护的民间借贷利率上限作为判断违约金是否过高的标准，而应当兼顾合同履行情况、当事人过错程度以及预期利益等因素综合确定。主张违约金过高的违约方应当对违约金是否过高承担举证责任。

【基本案情】

原告：某某供电公司

被告：世纪互联公司

2016年2月25日，某某供电公司、世纪互联公司签订《高压供用电合同》一份，约定：某某供电公司为世纪互联公司提供三相交流50赫兹电源，用电地址在黄岛区；第九条约定：计量点及计量方式为供电人按照国家规定，在用电人每一个受电点分别安装用电计量装置，其记录作为向用电人计算电费的主要依据，计量设备为智能表；第十二条约定抄表周期为一个月，抄表方式为远程采集装置自动抄录方式，结算依据以抄录数据作为电费结算依据；第十四条约定电价按照电价管理部门批准的电价执行。遇电价调整，按调价政策规定执行；第十六条约定电费按月结算，结算时间为每月18—20日，用电人应在20日前结清全部电费；第四十九条第（四）项约定，用电人逾期交付电费，当年欠费部分每日按欠交额的千分之二，跨年度欠费部分每日按欠交额的千分之三计付违约金。合同履行过程中，世纪互联公司截至2020年12月11日尚欠某某供电公司电费27381.95元未付。

原告诉称：截至2020年12月11日，世纪互联公司拖欠电费共计27381.95元，经多次催交未果，某某供电公司诉至法院，请求判令世纪互联公司向某某供电公司支付拖欠电费27381.95元，并支付2020年8月21日至12月31日（日利率2‰）及2021年1月1日起至实际支付之日（日利率3‰）的逾期违约金。

被告辩称：一是《高压供用电合同》中关于违约金的计算标准过高，显失公平。世纪互联公司欠缴电费并非故意、不存在主观过错；某某供电公司对其主张的损失，未进行举证，亦违反了中止断电的程序要求，存在过错。综合上述因素，本案不应适用违约金的惩罚性功能。二是某某供电公司不能仅凭《高压供用电合同》及“电力营销业务系统”电脑截图记载的数据来确认世纪互联公司的欠缴电费数额，某某供电公司未完成举证责任。

一审法院认定：一是国务院1996年4月17日颁布的《电力供应与使用条例》第二十七条规定：“供电企业应当按照国家核准的电价和用电计量装置的记录，向用户计收电费。用户应当按照国家批准的电价，并按照规定的期限、方式或者合同约定的办法，交付电费。”第三十九条规定：“违反本条例第二十七条规定，逾期未交付电费的，供电企业可以从逾期之日起，每日按照电费总额的1‰至3‰加收违约金，具体比例由供用电双方在供用电合同中约定；自逾期之日起计算超过30日，经催交仍未交付电费的，供电企业可以按照国家规定的程序停止供电。”原电力工业部1996年10月发布的《供电营业规则》第九十八条对欠费违约金比例做了更具体的规定：“用户在供电企业规定的期限内未交清电费时，应承担电费滞纳的违约责任。电费违约金从逾期之日起计算至交纳日止。每日电费违约金按下列规定计算：……2.其他用户：（1）当年欠费部分，每日按欠费总额的千分之二计算；（2）跨年度欠费部分，每日按欠费总额的千分之三计算。”上述法规是在电力体制政企尚未分开背景下出台，系基于制定规定当时所普遍采用的“先用电、后付费”的电费交纳方式，以及由此对供电企业造成的巨大电费风险而赋予供电企业明确具体、比例较高的收取违约金的权利。从规范的性质上看，电费违约金具体比例的规定是行政主管部门为实现特定行政管理目标而制定的管理性强制规范。1999年3月颁布的《中华人民共和国合同法》第一百八十二条规定：“用电人应当按照国家有关规定和当事人的约定及时交付电费。用电人逾期不交付电费的，应当按照约定支付违约金。”因此双方应在订立供用电合同时，约定用电人因逾期不交付电费而导致违约金比例。可见，《中华人民共和国合同法》已取消了法定违约金，改由当事人自行约定，以充分体现民事合同自由、自愿原则。二是根据《中华人民共和国合同法》第一百一十四条“当事人也可以约定因违约产生的损失赔偿额的计算方法。约定的违约金过分高于造成的损失的，当事人可以请求人民法院或者仲裁机构予以适当减少”以及《最高人民法院关于适用

〈中华人民共和国合同法〉若干问题的解释（二）》第二十九条“当事人主张约定的违约金过高请求予以适当减少的，人民法院应当以实际损失为基础，兼顾合同的履行情况、当事人的过错程度以及预期利益等综合因素，根据公平原则和诚实信用原则予以衡量，并作出裁决。当事人约定的违约金超过造成损失的百分之三十的，一般可以认定为《中华人民共和国合同法》第一百一十四条第二款规定的‘过分高于造成的损失’”的规定，被告可以申请对双方约定的过高违约金计算标准进行适当调减。本案中，按合同约定被告逾期欠费的违约金分别达到了年利率73%和109.5%，明显过高，且被告主张其因民事诉讼致经营困难，该欠费又发生在疫情期间，故依法应予调减违约金计算比例。因原告所受损失主要为资金占用成本损失，故依法确定被告应以其欠付电费为基数，按照全国银行间同业拆借中心公布的同期贷款市场报价利率上浮30%向原告支付违约金，对其余过高部分不予支持。

二审法院审理认为：关于违约金的问题。《电力供应与使用条例》第二十七条规定：“供电企业应当按照国家核准的电价和用电计量装置的记录，向用户计收电费。用户应当按照国家批准的电价，并按照规定的期限、方式或者合同约定的办法，交付电费。”第三十九条规定：“违反本条例第二十七条规定，逾期未交付电费的，供电企业可以从逾期之日起，每日按照电费总额的1‰至3‰加收违约金，具体比例由供用电双方在供用电合同中约定；自逾期之日起计算超过30日，经催交仍未交付电费的，供电企业可以按照国家规定的程序停止供电。”《供电营业规则》第九十八条规定:“用户在供电企业规定的期限内未交清电费时,应承担电费滞纳的违约责任。电费违约金从逾期之日起计算至交纳日止。每日电费违约金按下列规定计算:……2.其他用户:(1)当年欠费部分,每日按欠费总额的千分之二计算;(2)跨年度欠费部分,每日按欠费总额的千分之三计算。……”供用电合同作为特殊的合同类型,具有一定的社会公益性,应当优先适用关于供用电合同的规则。本案中,《高压供用电合同》第四十九条第(四)项明确约定,用电人逾期交付电费,当年欠费部分每日按欠交额的千分之二,跨年度欠费部分每日按欠交额的千分之三计付违约金,合同约定的违约金并未超出上述行政法规及部门规章规定的标准,应当按照当事人的约定处理。

关于违约金的认定,应当兼顾合同履行情况、当事人过错程度以及预期利益等因素综合确定,主张违约金过高的违约方应当对违约金是否过高承担举证责任。被上诉人主张违约金过高,并未提交证据证明,本院不予支持。一审法院仅以违约金达到了年利率73%和109.5%,判决被上诉人按照全国银行间同业拆借中心公布的同期贷款市场报价利率上浮30%支付违约金,缺乏事实和法律依据,应予纠正。

※ ※ ※

类案4　未签订供用电合同，供电公司该如何主张违约金？

【裁判规则】用电人即使未与供电公司签订书面供用电合同，也构成事实供用电合同关系，用电人窃电的，供电公司可采取中止供电等措施。

【类案性质】重庆市第五中级人民法院裁判生效案件

一审：重庆市巴南区人民法院（2020）渝0113民初1002号民事判决

二审：重庆市第五中级人民法院（2020）渝05民终7704号民事判决

【相关规定】

《中华人民共和国民法典》

第五百二十六条　当事人互负债务，有先后履行顺序，应当先履行债务的一方未履行的，后履行一方有权拒绝其履行要求。

《供电营业规则》

第一百零二条　供电企业对查获的窃电者，应予制止并可当场中止供电。窃电者应按所窃电量补交电费，并承担补交电费三倍的违约使用电费。拒绝承担窃电责任的，供电企业应报请电力管理部门依法处理。窃电数额较大或情节严重的，供电企业应提请司法机关依法追究刑事责任。

【基本案情】

原告：胡某

被告：某某供电公司

2018年9月18日，某某供电公司开展用电检查过程中发现胡某电表存在表内接线端子间并联铜丝的现象，检测后发现电表开盖时间为2015年1月31日，计量误差达到-71.8%。供电公司认为胡某存在窃电（违约用电）行为，在当场中止供电，拆卸、封存计量装置后，通知其到营业厅接受处理，补交差额电费并支付3 倍违约金。胡某明确拒绝后向重庆市巴南区人民法院提起诉讼，要求某某供电公司恢复供电。

原告诉称：某某供电公司无故拆除原告位于重庆市巴南区李家沱正街180号附×号楼的电表（下称诉争电表），后某某供电公司告知原告是因为偷电拆除电表，要求原告交罚款5000多元，但原告的房屋一直出租他人，原告本人并未偷电，请求判令立即恢复通电。

被告辩称：在2018年9月18日例行检查过程中，发现诉争电表被人为私自开启，计量装置被毁坏，经现场检测，1.09安培的电流电表实测为0.34安培，遂现场作出停电决定。经查询记录发现，诉争电表系于2015年1月31日19时35分32秒被人为开启，且原告的电费在2015年1月后陡降，印证了偷电事实，依据相关法规，被告有权中止向原告供电。

一审法院审理认为：原被告虽未签订书面的供用电合同，但双方事实上形成了生活消费性供用电的供用电合同关系。被告以原告窃电为由中止供电，但审理中提供的证据未能形成证据链，不足以证明原告的窃电事实和中止供电的必要性、合法性，原告要求恢复供电的诉讼请求应得到支持，而被告因窃电受到的损失，可以另行主张窃电电费获赔。理由如下：一是被告主张原告窃电应当对原告存在窃电目的（少缴电费获利）、实施窃电行为（私改电表）以及窃电行为确能实现获利负举证责任。本案中，被告提供的证据可以证明其在合法检查中发现诉争电表确实存在被改动的异常情况，但不能证明诉争电表被何人改动，也未达到证明电表确因原告窃电目的而私自改动的高度盖然性，而被告作为电表的管理方，主张原告有窃电行为，应负举证责任而未能举示充分证据，应承担举证不能的不利后果，故对被告认为原告有窃电行为的主张，本院不予采信；二是即使原告确有窃电行为，被告中止供电方式也应当证明其必要性和合法性。《中华人民共和国合同法》第一百八十二条规定：用电人应当按照国家有关规定和当事人的约定及时交付电费。用电人逾期不交付电费的，应当按照约定支付违约金。经催告用电人在合理期限内仍不交付电费和违约金的，供电人可以按照国家规定的程序中止供电。《中华人民共和国电力法》第二十六条规定：供电营业区内的供电营业机构，对本营业区内的用户有按照国家规定供电的义务，不得违反国家规定对其营业区内申请用电的单位和个人拒绝供电。第二十九条规定：供电企业在发电、供电系统正常的情况，应当连续向用户供电，不得中断。因供电设施检修、依法限电或者用户违法用电等原因，需要中断供电时，供电企业应当按照国家有关规定事先通知用户。《重庆市供用电条例》第三十条第二款第二项规定：用电人确有窃电行为，拒不改正或者拒不接受处理的，供电企业可以中止供电。第三十九条第二款规定：用电人对供电企业认定的窃电行为有异议的，可在7日内向其所在电力行政主管部门投诉，电力行政主管部应当在7个工作日内予以答复。该条例第四十条还对窃电补费作出规定。被告作为供电企业，向其营业区内的用户原告供电是法定义务，被告要中止此法定义务，应严格按照法律法规规定的程序进行，即事先通知、允许异议投诉、通知整改、补费等。本案中，被告认为原告存在窃电行为，应当按照规定将窃电认定事先通知原告，并明示原告有权异议并向主管部门投诉，同时给予原告合理期限接受处理，当原告既未在期限内提出投诉又不按期整改、补费，被告中止供电才具备必要性和合法性。而本案中，被告既未告知原告投诉权利、也未明确通知原告整改或者补缴费用的金额、期限、方式等，不经事先通知直接中断供电，不符合上述法律法规的规定，也与被告出具的《窃电处理通知单》中关于“如拒接受处理，我公司将依照国家规定进行终止用电服务”的内容矛盾，不具有合法性、必要性。综上，本院对原告要求恢复供电的主张予以支持。被告因窃电受到的损失，可以另行向实际窃电人主张赔偿。

二审法院审理认为：根据一审认定事实，胡某与某某供电公司虽然未签订书面供用电合同，但双方事实上已经形成供用电合同关系，均应按照诚实信用的基本原则履行供用电合同。其次，某某供电公司一审、二审举示了电表图片、电表生产厂家出具的证明、故障分析报告、案涉电表电费明细等证据，上述证据相互印证，能够形成证据链，足以证明案涉胡某房屋使用的电表被人为改动导致电表计量数据产生较大误差的事实的存在达到高度可能性的程度。故本院对案涉电表被人为改动导致窃电的事实予以认定。由于案涉电表系胡某承租的公有房屋使用，电表改动造成的法律后果应由胡某承担。对于胡某辩称对电表改动的事实不知情，并非其本人改动电表窃电，不应承担相应后果的主张，因是否系其本人亲自改动电表窃电不影响其责任承担的认定，故本院对该辩称意见不予支持。最后，某某供电公司在发现案涉电表被人为改动后，根据《供电营业规则》第一百零二条的规定，对窃电者可当场中止供电。中止供电后该公司及时向胡某发出《窃电处理通知单》要求其接受处理，但胡某并未接受处理。同时根据某某供电公司二审举示证据，该公司在一审判决后仍积极与胡某联系，要求胡某补缴电费，胡某也一直拒绝接受处理及补缴相应费用。故胡某在履行供用电合同时因案涉电表发生窃电事实且未接受处理补缴相应电费，存在事实上的违约行为，某某供电公司为避免损失扩大中止供电合同的履行并无不当。胡某在未补缴电费的情况下，单方面要求某某供电公司立即恢复供电缺乏依据，也有违诚信原则，本院不予支持。

※　※　※

类案5　因电费争议拖欠电费的，供电公司能否主张违约金？

【裁判规则】供电公司起诉要求按年利率24%计算违约金，用电人未提出减少请求，且年利率24%不超过民间借贷水平，应当可以支持。

【类案性质】湖南省长沙市中级人民法院裁判生效案件

一审：湖南省长沙市雨花区人民法院（2019）湘0111民初9216号民事判决

二审：湖南省长沙市中级人民法院（2020）湘01民终5281号民事判决

【相关规定】

《中华人民共和国合同法》

第六十条 当事人应当按照约定全面履行自己的义务。

当事人应当遵循诚实信用原则，根据合同的性质、目的和交易习惯履行通知、协助、保密等义务。

第一百零七条 当事人一方不履行合同义务或者履行合同义务不符合约定的，应当承担继续履行、采取补救措施或者赔偿损失等违约责任。

第一百七十六条 供用电合同是供电人向用电人供电，用电人支付电费的合同。

《最高人民法院关于适用〈中华人民共和国民事诉讼法〉的解释》（法释〔2020〕20号）

第九十条 当事人对自己提出的诉讼请求所依据的事实或者反驳对方诉讼请求所依据的事实，应当提供证据加以证明，但法律另有规定的除外。

在作出判决前，当事人未能提供证据或者证据不足以证明其事实主张的，由负有举证证明责任的当事人承担不利的后果。

《中华人民共和国民事诉讼法》

第二百三十九条　申请执行的期间为二年。申请执行时效的中止、中断，适用法律有关诉讼时效中止、中断的规定。

前款规定的期间，从法律文书规定履行期间的最后一日起计算；法律文书规定分期履行的，从规定的每次履行期间的最后一日起计算；法律文书未规定履行期间的，从法律文书生效之日起计算。

【基本案情】

原告：某某供电公司

被告：某某客专公司

2009年11月23日，某某供电公司（供电人）与某某客专公司（用电人）签订《供用电合同》，约定：①用电地址：某某某（边山牵引变电站），用电分类：大工业，行业分类：交通运输，用电人共有1个受电点，受电设备总容量为185000千伏安；②在发供电系统正常情况下，供电人在本合同有效期内连续向用电人供电；供电人按国家标准或电力行业规程规定，在用电人的每个受电点配置、安装用电计量装置，该计量装置的记录作为计算用电人电费的依据。用电人未按期交付全额电费，应承担电费滞纳的违约责任，电费违约金从逾期之日起至交纳之日止计算，按照下列约定向供电人交付违约金：当年欠费部分，每日按当年欠费总额的千分之二计算；跨年度欠费部分，每日按跨年度欠费总额的千分之三计算。2017年5月26日，国家发展改革委下发《国家发展改革委办公厅关于明确铁路电价有关政策的复函》（发改办价格〔2017〕1717号），规定自2017年6月1日起取消电铁还贷电价，对铁路牵引用电不执行峰谷分时电价，但对牵引以外用电是否执行峰谷分时电价没有规定，如站用电。某某供电公司据此要求某某客专公司就牵引用电之外的其他用电，自2017年6月1日起执行峰谷分时电价，某某客专公司以全国其他省份未执行峰谷分时电价为由拒绝。某某供电公司和某某客专公司分别向省发展改革委请示，省发展改革委2018年分别复函确认“除牵引用电以外的生产、服务、办公等其他铁路用电，用电容量超过100千伏安（千瓦）的，执行峰谷分时电价”。但到2018年8月，某某客专公司仍拒绝执行峰谷分时电价政策。

原告诉称：原告与被告于2009年11月23日签订《供用电合同》，约定了双方的权利义务等。被告违反《供用电合同》的约定，拒不执行分时电价，拒不履行付款义务，截至2018年8月31日欠付电费共计2596915.99元，根据合同约定的违约责任，原告自愿调整为以欠付总额为基数按年利率24%计算违约金，截至起诉之日，被告应当支付违约金534217.65元。原告认为根据合同约定和法律规定，被告应当执行峰谷分时电价，按时支付电费，原告多次向被告发函催讨欠付电费，被告拒不履行。请求法院判决：①被告向原告支付欠付电费暂计2596915.99元（截至2018年8月31日，后续以实际产生为准）；②被告向原告支付违约金暂计534271.65元（从2017年8月1日起暂计算至起诉之日止，后续以欠付款总额为基数按照24%每年计算至全部款项付清之日止）；③本案诉讼费用由被告承担。

被告辩称：原告的诉讼请求无事实和法律依据，请求依法驳回。① 2009年11月3日，被告与某某省电业公司长沙电业局签订的《供用电合同》，因合同主体、电价及供用电关系均发生重大变化，该合同不再实际履行；② 原告以修改前的合同约定认为被告应实行峰谷分时电价无事实和法律依据，按照国家电价政策和某某省电价主管部门批准的电价，铁路用电不实行峰谷分时电价；③ 原告所主张的电价差异款及违约金，指的是年度双方实际结付的电价款与原告认为依照《供用电合同》约定的电价标准计算所得的电价款之间的差额，原告未提供其与被告之间约定应峰谷分时电价结算车站站房上网电款的证据；④ 原告作为大型国企，为谋取企业不当利益，不顾国务院制定的一系列为企业减费减负政策，在全国范围内独树一帜地强制对用电企业收取铁路用电峰谷分时差价，对其签订的《市场化零售业务协议》拒不履行，既然双方是平等主体，原告变更电价应提前告知被告并达成一致，而原告在未提前告知，且双方均已将供用电合同履行完毕的情况下，单方提出要求被告补缴差额电费的请求没有任何事实和法律依据，已构成违约。

一审法院审理认为：某某供电公司与某某客专公司签订的《供用电合同》系双方当事人真实意思表示，合法有效，因此而产生的权利义务关系受法律保护，当事人均应按照合同约定履行各自的权利义务。某某客专公司辩称某某供电公司与某某客专公司不再履行《供用电合同》，未提供证据证明，本院对其辩解意见不予采纳。① 关于欠付电费。2017年7月1日至2018年8月31日期间，因执行峰谷分时电价，某某客专公司共计欠付某某供电公司电费合计2596915.99元，故某某供电公司请求某某客专公司支付截至2018年8月31日欠付的电费2596915.99元，符合合同约定和法律规定，本院予以支持，对其超过部分的诉讼请求，因未提供证据证明，本院不予支持。某某客专公司辩称其不应支付因峰谷分时产生的电费，未提供证据证明，本院对其辩解意见不予采纳；②关于违约金。根据双方的约定，用电人未按期交付全额电费，应承担电费滞纳的违约责任，电费违约金从逾期之日起至交纳之日止计算，按照下列约定向供电人交付违约金：当年欠费部分，每日按当年欠费总额的千分之二计算；跨年度欠费部分，每日按跨年度欠费总额的千分之三计算。某某供电公司将其违约金计算标准调整为以欠付电费总数为基数按照年利率24%计算，符合法律规定，本院予以确认。根据某某供电公司提供的证据，某某省发展和改革委员会于2018年1月5日回函某某供电公司，明确对除牵引用电以外的生产、服务、办公等其他铁路用电，用电容量超过100千伏安（千瓦）的，执行峰谷分时电价。根据审理查明的事实，结合公平原则，本院对某某供电公司主张某某客专公司向其支付以欠付电费为基数自2018年6月1日（公证送达时要求某某客专公司结清欠付电费之日）起至实际清偿之日止按年利率24%计算的违约金予以支持，对其超过部分的诉讼请求，本院不予支持，截至2018年8月31日，某某客专公司应支付某某供电公司违约金140922元（2102950.7元×24%/年÷12个月×1个月+2346250.19元×24%/年÷12个月×1个月+2596915.99元×24%/年÷12个月×1个月）。综上，依照《中华人民共和国合同法》第六十条、第一百零七条、第一百七十六条，《最高人民法院关于适用〈中华人民共和国民事诉讼法〉的解释》第九十条之规定，判决如下：①某某客专公司于判决生效后10日内支付某某供电公司截至2018年8月31日的欠付电费2596915.99元；②某某客专公司于判决生效后10日内支付某某供电公司违约金（截至2018年8月31日的违约金140922元，2018年8月31日之后的违约金以2596915.99元为基数自2018年9月1日起至实际清偿之日止按照年利率24%计算）；③驳回某某供电公司的其他诉讼请求。

二审法院审理认为：根据本案事实和双方当事人发表的论辩观点，本案的争议焦点为：2017年7月至2018年8月，某某客专公司是否应当按照峰谷分时电价向某某供电公司补缴电费。经审查，第一，2017年10月19日，针对中国铁路总公司办公厅报来的《关于报请明确铁路电价有关政策的函》，国家发展和改革委员会办公厅向其下发了发改办价格〔2017〕1717号《关于明确铁路电价有关政策的复函》，即1717号复函。该复函明确规定：电气化铁路牵引用电不执行峰谷分时电价政策。参与电力市场交易后，电气化铁路牵引用电由市场形成用电价格。上述规定自2017年6月1日起执行。第二，2018年1月5日，针对报来的《关于进一步明确铁路用电有关电价政策的请示》，省发展和改革委员会下发了《关于铁路电价有关问题的复函》，即5号复函，就铁路电价有关问题函复如下：关于峰谷分时电价问题。电气化铁路牵引用电参与电力市场交易前，不执行峰谷分时电价；参与电力市场交易后，执行峰谷分时电价。除牵引用电以外的生产、服务、办公等其他铁路用电，用电容量超过100千伏安（千瓦）的，执行峰谷分时电价。第三，上述5号复函要求某某客专公司支付车站用电“峰谷平”电价，某某客专公司对此提出异议，并致函省发展和改革委员会要求其收回5号复函。2018年6月29日，省发展和改革委员会向某某客专公司作出湘发改函（2018）136号复函，其函复如下：5号复函符合1717号复函的规定，按照省电力市场交易规则，参与电力市场用户执行峰谷分时电价，因此，参与电力市场交易后，电气化铁路应与省内其他参与电力市场企业一样执行峰谷分时电价。根据上述分析，某某供电公司依据5号复函要求某某客专公司按照峰谷分时电价向其补缴2017年7月至2018年8月电费并无不妥，上诉人某某客专公司提出的其不应执行峰谷分时电价的上诉意见不成立，本院不予支持。如上诉人某某客专公司对省发展和改革委员会的5号复函有异议，其可另觅途径救济。

※　※　※

类案6　配合政府停电，能否提起民事诉讼？

【裁判规则】供电公司根据政府指令采取断电措施，属于执行行政机关决定的行为，不属于民事诉讼受理范围。

【类案性质】最高人民法院裁判生效案件

一审：甘肃省定西市中级人民法院（2017）甘11民初47号民事裁定

二审：甘肃省高级人民法院（2018）甘民终53号民事裁定

再审：最高人民法院（2018）最高法民申2093号民事裁定

【相关规定】

《中华人民共和国民事诉讼法》

第一百一十九条　起诉必须符合下列条件：

（一）原告是与本案有直接利害关系的公民、法人和其他组织；

（二）有明确的被告；

（三）有具体的诉讼请求和事实、理由；

（四）属于人民法院受理民事诉讼的范围和受诉人民法院管辖。

第一百五十四条　裁定适用于下列范围：

（一）不予受理；

（二）对管辖权有异议的；

（三）驳回起诉；

（四）保全和先予执行；

（五）准许或者不准许撤诉；

（六）中止或者终结诉讼；

（七）补正判决书中的笔误；

（八）中止或者终结执行；

（九）撤销或者不予执行仲裁裁决；

（十）不予执行公证机关赋予强制执行效力的债权文书；

（十一）其他需要裁定解决的事项。

对前款第一项至第三项裁定，可以上诉。

裁定书应当写明裁定结果和作出该裁定的理由。裁定书由审判人员、书记员署名，加盖人民法院印章。口头裁定的，记入笔录。

【基本案情】

原告：某某建材厂

被告：某某供电公司

2001年2月23日，某某县工商行政管理局给某某建材厂颁发营业执照，2002年3月20日，某某建材厂拍卖取得某某县洮阳镇五爱村荒山，某某县国土资源局颁发采矿许可证。某某县国土资源局于2013年10月14日作出临国土矿停字（2013）023号《责令停止违法行为通知书》，责令该厂于2013年10月16日前拆除挖土设备，停止生产设施的运转，彻底落实整改企业违规取土问题，并对开采破坏区域采取绿化等措施进行恢复治理。2013年10月14日，某某县国土资源局督促某某建材厂拆除了挖土设备，停止生产，同时某某县供电公司依据县政府的指令，配合国土资源局到现场切断了该厂的供电设施。某某建材厂不服，向一审法院提出请求：①某某县供电公司赔偿因停电行为给某某建材厂造成的损失7972679.46元；②诉讼费用由某某县供电公司承担。

原告诉称：2013年10月14日，某某县供电公司来到某某建材厂生产厂地，不知何因野蛮破损某某建材厂电力设施，强行拆除了位于某某建材厂厂区315千瓦变压器高压跌落熔断器和高压引线设备，致使某某建材厂厂区停电，生产设备全部停止生产至今。由于某某县供电公司的停电行为给某某建材厂造成巨大经济损失和精神损失，依法提起诉讼，请求赔偿。

被告辩称：某某县政府为了对某某建材厂在生产经营过程中采取破坏性的违法行为进行查处和整治，于2013年10月14日要求某某县供电公司对某某建材厂采取停电措施的行为属于具体行政行为。某某县供电公司对某某建材厂采取停电措施，不是某某县供电公司自身意愿的表示，系按某某县政府的要求而实施。该行为不属于民事法律行为，不属于人民法院民事受案范围。

一审法院审理认为：某某县供电公司系国有企业，2013年10月14日其对某某建材厂的停电行为是受某某县委、县政府的安排和要求，配合县国土资源局等单位对五爱建材厂进行查处和整治采取的措施，属于某某县委、县政府指令的行为。某某县供电公司停电行为不是基于双方的供电合同关系发生的，双方不产生民事赔偿关系。因此，本案不属于人民法院民事受案范围。

二审法院审理认为：民事诉讼的受理范围是平等主体之间发生的财产关系纠纷和人身关系纠纷。某某建材厂认为造成其损失的原因是某某县供电公司的断电行为，该行为应属民事行为。本案中，双方虽有供用电合同关系，但在此次停电纠纷中，某某县供电公司系根据某某县县委、县政府对某某建材厂破坏性开采方法取土进行查处和整治的要求而采取的停电行为，供电公司虽然不是行政机关，也不负有行政职能，但某某县供电公司对某某建材厂停电系执行行政命令，该行为不具有民事上产生、变更、消灭民事法律关系的目的，也不是供电公司的自由意思表示，不应以双方之间的供电合同进行评价。因此，某某县供电公司的停电行为并非民事行为。某某建材厂的损失也并不是由于民事行为导致的，故一审法院认定本案不属于人民法院受理民事诉讼案件的范围并无不当。

再审法院审理认为：民法调整的是平等主体之间的财产关系和人身关系，民事诉讼的受理范围是平等主体之间发生的财产关系纠纷和人身关系纠纷。某某县供电公司系国有企业，其在某某县县委、县政府对某某建材厂采用破坏性方法取土生产的行为进行查处的过程中，依据某某县县政府的通知对某某建材厂采取断电措施，属于执行行政机关决定的行为，并不存在设立、变更、中止民事权利和民事义务的目的。可见，该断电行为并非基于某某建材厂与某某县供电公司之间的供用电合同关系发生，不应产生民事损害赔偿的法律后果。某某县供电公司对某某建材厂采取断电行为系受行政机关指令，并非基于供用电合同关系而作出的民事行为，即便某某建材厂因某某县供电公司的断电措施造成损害，某某建材厂也应依据行政法律关系提起行政诉讼，而非直接向某某县供电公司主张承担民事赔偿责任。

※ ※ ※

类案7 配合政府停电，能否主张供电公司违约？

【裁判规则】政府对供电公司的停电指令对用户权利义务产生实质影响的，属于人民法院行政诉讼受案范围。

【类案性质】最高人民法院裁判生效案件

一审：吉林省某某市中级人民法院（2018）吉03行初41号行政裁定

二审：吉林省高级人民法院（2019）吉行终114号行政裁定

再审：最高人民法院（2020）最高法行再315号行政裁定

【相关规定】

《中华人民共和国行政诉讼法》

第二十五条　行政行为的相对人以及其他与行政行为有利害关系的公民、法人或者其他组织，有权提起诉讼。

有权提起诉讼的公民死亡，其近亲属可以提起诉讼。

有权提起诉讼的法人或者其他组织终止，承受其权利的法人或者其他组织可以提起诉讼。

人民检察院在履行职责中发现生态环境和资源保护、食品药品安全、国有财产保护、国有土地使用权出让等领域负有监督管理职责的行政机关违法行使职权或者不作为，致使国家利益或者社会公共利益受到侵害的，应当向行政机关提出检察建议，督促其依法履行职责。行政机关不依法履行职责的，人民检察院依法向人民法院提起诉讼。

第四十四条　对属于人民法院受案范围的行政案件，公民、法人或者其他组织可以先向行政机关申请复议，对复议决定不服的，再向人民法院提起诉讼；也可以直接向人民法院提起诉讼。

法律、法规规定应当先向行政机关申请复议，对复议决定不服再向人民法院提起诉讼的，依照法律、法规的规定。

《最高人民法院关于适用〈中华人民共和国行政诉讼法〉的解释》（法释〔2018〕1号）

第一条 公民、法人或者其他组织对行政机关及其工作人员的行政行为不服，依法提起诉讼的，属于人民法院行政诉讼的受案范围。

下列行为不属于人民法院行政诉讼的受案范围：

（一）公安、国家安全等机关依照刑事诉讼法的明确授权实施的行为；

（二）调解行为以及法律规定的仲裁行为；

（三）行政指导行为；

（四）驳回当事人对行政行为提起申诉的重复处理行为；

（五）行政机关作出的不产生外部法律效力的行为；

（六）行政机关为作出行政行为而实施的准备、论证、研究、层报、咨询等过程性行为；

（七）行政机关根据人民法院的生效裁判、协助执行通知书作出的执行行为，但行政机关扩大执行范围或者采取违法方式实施的除外；

（八）上级行政机关基于内部层级监督关系对下级行政机关作出的听取报告、执法检查、督促履责等行为；

（九）行政机关针对信访事项作出的登记、受理、交办、转送、复查、复核意见等行为；

（十）对公民、法人或者其他组织权利义务不产生实际影响的行为。

【基本案情】

原告：某某设备公司

被告：某某市人民政府

2017年12月28日，某某市人民政府发布了《关于依法责令对市区周边占用林地未取得林业审批手续的采石场进行关停和生态植被修复的公告》；2018年2月26日，向某某供电公司出具四政督字〔2018〕37号《某某市人民政府督查通知单》（以下简称《通知单》），主要内容系根据某某市人民政府主要领导指示，请某某供电公司对16家采石场停止供电，并拆除相关供电设施。通知在某某市人民政府官网上公布，某某设备公司在所列明的16家采石场范围内，某某设备公司对某某市人民政府上述行为不服提起诉讼。

原告诉称：2017年12月28日，某某市人民政府发布《某某市人民政府关于依法责令对市区周边占用林地未取得林业审批手续的采石场进行关停和生态植被修复的公告》（以下简称《公告》）。该公告中载明："一、对市区周边占用林非法挖砂采石的采石场一律关停；二、依据《中华人民共和国森林法实施条例》第四十三条规定，责令被关停的采石场相关责任人限期恢复原状，进行生态植被恢复，并处非法改变用途林地每平方米10至30元罚款。如生态植被修复确有困难的，由市人民政府组织相关部门进行生态植被修复，修复费用由相关责任人承担。三、自公告之日起30天内，相关责任人要自行拆除采石场内的厂房、设备、用电设施及违建房屋等，不能在规定时限内全部自行拆除的，由市人民政府依法强制拆除。"2018年

2月26日，被起诉人向某某供电公司作出四政督字〔2018〕37号《某某市人民政府督查通知单》(以下简称《通知单》)，要求对铁东区宝昌等16家采石场（含起诉人采石场）停止供电，并拆除相关供电设施。起诉人认为其依法取得的经营权和采矿权应受法律保护，被起诉人作出的《公告》关停起诉人采石场超越法定职权，且作出该公告程序违法、缺乏事实和法律依据。被起诉人对起诉人停止供电，系滥用职权。故请求法院：①撤销被起诉人于2017年12月28日发布的《某某市人民政府关于依法责令对市区周边占用林地未取得林业审批手续的采石场进行关停和生态植被修复的公告》；②请求判令撤销被起诉人于2018年2月23日发布的四政督字〔2018〕37号《某某市人民政府督查通知单》。

被告答辩称：请求法院依法驳回起诉人的诉讼请求，理由如下：①该案不属于人民法院受案范围。《公告》属于《中华人民共和国行政诉讼法》第十三条第二项规定的行政机关制定、发布的具有普遍约束力的决定、命令，不属于人民法院行政诉讼受案范围。该公告从性质上属于抽象行政行为，而非具体行政行为，未对被答辩人的权利义务产生实际影响，不属于法院行政诉讼受案范围。而《通知单》系某某市政府给某某市供电公司的内部文件，对被答辩人不具有约束力，不能成为其诉讼某某市政府的理由。②被答辩人作出《公告》和《通知单》乃依法履行政府职责所系，是环保督查大背景下作出的。

一审法院审理认为：《最高人民法院关于适用〈中华人民共和国行政诉讼法〉的解释》第一条第二款规定“下列行为不属

于人民法院行政诉讼的受案范围：……（十）对公民、法人或者其他组织权利义务不产生实际影响的行为”。本案被起诉人于2017年12月28日发布的《某某市人民政府关于依法责令对市区周边占用林地未取得林业审批手续的采石场进行关停和生态植被修复的公告》，系政府履行职责时作出的广而告之的通告，该通告作出后，被起诉人并未对起诉人采取其他强制措施，对起诉人的实体权利未产生实际影响，所以起诉人诉请并不属于人民法院行政诉讼的受案范围。《中华人民共和国行政诉讼法》第二十五条规定“行政行为的相对人以及其他与行政行为有利害关系的公民、法人或者其他组织，有权提起诉讼。”本案起诉人诉请撤销的被起诉人发布的四政督字〔2018〕37号《某某市人民政府督查通知单》，系某某市政府给某某供电公司的内部文件，起诉人并不是行为的相对人，其本身也并不具有可诉性。综上起诉人某某设备公司的起诉不符法定条件。

二审法院审理认为：《最高人民法院关于适用〈中华人民共和国行政诉讼法〉的解释》第一条第二款第（十）项规定，对公民、法人或者其他组织权利义务不产生实际影响的行为不属于人民法院行政诉讼的受案范围。《中华人民共和国行政诉讼法》第四十九条第（四）项规定，提起诉讼应当属于人民法院受案范围和受诉人民法院管辖。行政行为是指具有行政权能的组织运用行政权，针对相对人设定、变更或者消灭权利义务的行为，通常应有具体性、法效性等特征。具体性强调的是，行为的对象必须是特定之人和具体事件；法效性强调的是，行为直接对外产生法律效果。所谓直接，是指法律效果必须直接对相对人发生，亦即行政行为一旦作成，即导致法律关系的设定、变更或者消灭。本案中，公告名称是《某某市人民政府关于依法责令对市区周边占用林地未取得林业审批手续的采石场进行关停和生态植被修复的公告》，没有具体相对人，“市区周边”的范围及“占用林地未取得林业审批手续的采石场”的数量、名称亦不确定。公告还强调，“如生态植被修复确有困难的，由市人民政府组织相关部门进行生态植被修复”“不能在规定时限内全部自行拆除的，由市人民政府依法强制拆除。”由此可见，该公告是对不符合法律规定的采石场提出的总体治理要求，就治理相关事项进行公开的告知，目的是督促“未取得林业审批手续的采石场”主动配合有关行政机关行使行政管理行为，从而提高行政效率，不是政府或具有相应行政权能的主管部门对特定企业作出的具体决定，公告不产生法律效果，规制和影响当事人权利义务的应当是之后的关停、取缔或拆除等行为。因此，一审法院审理认为公告不具有可诉性正确，本院予以确认。

37号通知的相对人是某某供电公司。从内容来看，通知某某供电公司对16家采石场停电是希望某某供电公司对政府或相关部门取缔采石场提供辅助行为，37号通知未对某某供电公司的权利义务作出直接设定，也不能对某某设备公司用电权益产生直接影响，不具有法效性，故37号通知本身不具有可诉性。而某某设备公司是否取得林业审批手续，某某供电公司不具有判断能力，如果供某某电公司依照通知停止了某某设备公司的电力供应，该停止供电行为应视为某某市政府或相关部门实施关停、取缔或拆除行为的一部分，相应的责任也应由实施关停、取缔或拆除行为的某某市政府或相关部门承担。某某设备公司如果对后续的关停、取缔或拆除等直接影响其权益的行政法律行为或行政事实行为不服，可以另行提起诉讼，寻求救济。

再审法院审理认为：某某市政府于2017年12月28日发布《公告》的内容是对市区周边占用林地非法挖石的采石场一律关停并进行生态植被修复，并未明确需要关停的具体采石场。《公告》系行政机关对不符合法律规定的采石场提出的总体治理要求，就治理相关事项的公开告知，不是某某市政府对特定行政管理相对人作出的具体决定，不对当事人权利义务产生实际影响，所以《公告》不具有可诉性。

某某市政府于2018年2月26日向供电公司出具《通知单》，主要内容系根据某某市政府主要领导指示，请某某供电公司对16家采石场停止供电，并拆除相关供电设施。《通知单》列明了要求某某供电公司停止供电的具体16家采石场，并在某某市政府官网上予以公布，某某设备公司即在《通知单》所列明的16家采石场范围内。虽然《通知单》系对某某供电公司作出，但责令供电公司对某某设备公司停电的行为对某某设备公司的权利义务产生了实质影响，某某设备公司针对《通知单》提起撤销诉讼属于人民法院行政诉讼受案范围。

※　※　※

类案8 配合政府停电，是否属于供电公司违约？

【裁判规则】供电公司根据行政机关通知采取断电措施，是执行行政强制措施的结果，不应视为履行供用电合同的违约行为。

【类案性质】湖南省高级人民法院裁判生效案件

一审：湖南省通道侗族自治县人民法院（2020）湘1230民初43号民事判决

二审：湖南省怀化市中级人民法院（2020）湘12民终1230号民事判决

再审：湖南省高级人民法院（2020）湘民申4086号民事裁定

【相关规定】

《中华人民共和国民法总则》

第九条 民事主体从事民事活动，应当有利于节约资源、保护生态环境。

《中华人民共和国民事诉讼法》

第六十四条 当事人对自己提出的主张，有责任提供证据。

当事人及其诉讼代理人因客观原因不能自行收集的证据，或者人民法院审理认为审理案件需要的证据，人民法院应当调查收集。

人民法院应当按照法定程序，全面地、客观地审查核实证据。

《最高人民法院关于适用〈中华人民共和国民事诉讼法〉的解释》（法释〔2020〕20号）

第九十条 当事人对自己提出的诉讼请求所依据的事实或者反驳对方诉讼请求所依据的事实，应当提供证据加以证明，但法律另有规定的除外。

在作出判决前，当事人未能提供证据或者证据不足以证明其事实主张的，由负有举证证明责任的当事人承担不利的后果。

【基本案情】

原告：某某嘉旺公司

被告：某某供电公司

2014年11月18日，某某嘉旺公司与某某供电公司签订《高压供用电合同》，由某某供电公司对某某嘉旺公司在某某县江口乡古冲村开办的砖厂进行供电。该合同签订后，双方开始依约履行合同义务。2015年5月25日，某某县环保局发现某某嘉旺公司建设项目配套环保设施未与主体工程同时投入试运行向某某嘉旺公司发出《环境违法行为限期改正通知书》。2015年10月8日，某某县环保局作出通环责整〔2015〕4号《责令停产整治决定书》[后该决定书被法院作出的（2016）湘1230行初9号行政判决书予以撤销]，责令某某嘉旺公司立即停止生产，改正环境违法行为，按照环评要求完善环保治理措施，并于2015年10月15日前将改正情况书面报告某某县环保局，但某某嘉旺公司未按要求执行，仍持续生产。2015年11月12日，某某县环保局向某某县经信科技和商务粮食局（原某某县经济与信息化局）发出《某某环保局关于对某某县嘉旺建材有限责任公司实施断电措施的函》，要求某某县经信科技和商务粮食局对某某嘉旺公司实施断电措施。某某环保局同时向某某供电公司、某某县监察局、某某供电公司县溪供电营业所送达了该函件。某某供电公司于2015年11月12日对某某嘉旺公司开办的砖厂实施了断电措施。某某县环保局对某某嘉旺公司作出的《责令停产整治决定书》，因违反《环境行政处罚办法》第十一条的规定，程序不合法，后被人民法院判决予以撤销。

原告诉称：2014年11月18日与某某供电公司签订《高压供用电合同》，原告如约履行合同义务，但某某供电公司2015年11月12日根据某某县环保局通知进行强制停电，某某县环保局没有电力行政执法权，某某供电公司根据某某县环保局通知停电，已构成违约，且给原告造成巨大财产损失。故请求依法判决某某供电公司预先赔偿损失13794元，并承担案件诉讼费用。

被告辩称：被告是根据电力行政管理部门口头通知，执行某某县环保局的停电措施，属于执行行政命令，不属于合同违约行为。且从电力用户电力信息采集系统记录来看，原告在停电前的2015年11月6日就已经停止生产，2015年11月12日的停电不是突然停电。

一审法院审理认为：某某嘉旺公司因建设项目配套环保设施未与主体工程同时投入试运行，某某县环境保护局发出《环境违法行为限期改正通知书》责令某某嘉旺公司立即停止生产，经某某县经信科技和商务粮食局以电话通知后，某某供电公司对某某嘉旺公司开办的砖厂实施断电措施符合《供电监管办法》第二十四条规定。虽然某某县环保局并非电力行政执法部门、某某县经信科技和商务粮食局的断电通知是以电话口头通知的形式进行，但是某某供电公司作为供电企业，不具备对相关行政命令进行实质性审查职能，其依照相关部门所作出的行政指令，对某某嘉旺公司经营场所依法进行停电，符合《高压供用电合同》第十六条第一款第三项中“供电人依法或依合同约定实施停电”的情形，其行为并不构成违约。

二审法院审理认为：某某县环保局作出《责令停产整治决定书》具体行政行为并决定采取断电行政强制措施后，某某供电公司及下属分支机构某某供电公司县溪供电营业所接受指令对某某嘉旺公司实施断电，是执行行政强制措施结果，不应视为履行供用电合同的违约行为；某某县环保局的行政行为是否被撤销，并不发生行政强制措施转化为民事违约行为的后果。

再审法院审理认为：因某某嘉旺公司未依照某某县环保局2015年10月18日《责令停产整治决定书》的要求停止生产，某某县环保局于2015年11月12日发出《关于对某某县嘉旺建材有限责任公司实施断电措施的函》，通知某某县经信科技和商务粮食局（原某某县经济与信息化局）、某某县监察局、某某供电公司及分支机构某某供电公司县溪供电营业所对某某嘉旺公司实施断电措施；随后，某某供电公司实施了断电措施。某某县环保局作出《责令停产整治决定书》具体行政行为并决定采取断电行政强制措施后，某某供电公司及下属分支机构某某供电公司县溪供电营业所接受指令对某某嘉旺公司实施断电，是执行行政强制措施的结果，不应视为履行供用电合同的违约行为。某某县环保局的行政行为是否被撤销，并不发生行政强制措施转化为民事违约行为的后果。

第三章

线房（树）等相邻关系纠纷类案

线房（树）等相邻关系纠纷，多表现为线矿矛盾、线房矛盾、线树矛盾等，法律关系主要为一般侵权责任纠纷、环境污染纠纷。

一、归责原则

（一）一般侵权归责原则

《中华人民共和国民法典》第一千一百六十五条规定，行为人因过错侵害他人民事权益造成损害的，应当承担侵权责任。该款基本沿用原《中华人民共和国侵权责任法》的规定，但增加了“造成损害的”表述，以损害作为承担责任的必备要件之一，强调了过错责任原则必须造成损害的要求。一般而言侵权责任的成立，必须具备违法行为、损害事实、因果关系和主观过错四个要件，四者缺一不能构成侵权责任。

主观过错：侵权人在实施侵权行为时对于损害后果的主观心理状态，包括故意和过失。故意是指侵权人预见自己行为的损害结果，仍然希望这一损害后果发生或者放任这一后果发生的心理状态，即直接故意和间接故意。过失包括疏忽和懈怠，侵权人对自己行为的损害后果应当预见或者能够预见，由于疏忽大意而没有预见为疏忽。侵权人对自己行为的损害结果虽然预见到但因过于自信认为可以避免，但最终发生损害后果为懈怠。

违法行为：行为人实施的行为在客观上违反法律规定，即违反法律规定的义务、违反保护他人的法律、违反约定义务和故意实施违背公序良俗而造成他人损害的行为，包括作为和不作为。作为表现为实施某种行为侵害他人民事权益的行为，如伤害他人身体、毁坏他人财产；不作为表现为不实施相应行为或实施相应行为达不到积极履行法定义务的后果。

损害：指因他人的不法侵害使受害人的财产或人身利益遭受损失。

因果关系：因果关系的判定多遵循直接原因和相当因果关系的规则，直接原因是指违法行为与损害结果之间具有直接因果关系，多表现为一因一果；相当因果关系也称为适当条件说，指违法行为是发生损害事实的适当条件，是发生损害结果的不可或缺条件。确定行为与结果之间有无因果关系，要依行为时的一般社会经验和智识水平作为判断标准，认为该行为有引起该损害结果的可能性，而在实际上该行为又确实引起了该损害结果，则该行为与损害结果之间有因果关系。

（二）环境污染归责原则

《中华人民共和国民法典》第一千二百二十九条规定，因污染环境、破坏生态造成他人损害的，侵权人应当承担侵权责任。该条明确环境侵权责任采用无过错责任原则归责，构成要件一般为：污染环境或者破坏生态致他人损害的事实，污染环境、破坏生态的违法行为，违法行为与损害事实之间存在因果关系。

环境污染、破坏生态致他人损害的事实：污染环境、破坏生态致使自然人、法人或者非法人组织的人身、财产等合法权益受到损害。但在发生环境污染、破坏生态虽然未造成损害但存在损害发生风险的，受危及的当事人可以依据《中华人民共和国民法典》第一千一百六十七条的规定，请求停止侵害、排除妨碍、消除危险等侵权责任。

污染环境、破坏生态的违法行为：根据经济合作与发展组织（OECD）环境委员会在1974年最早提出的定义，环境污染指被人们利用的物质或能力直接或间接进入环境，导致对自然的有害影响，以致危及人类健康、危害生命资源和生态系统，以及损害或者妨碍舒适和环境的其他合法用途的现象。污染环境的核心特征为“过度排放”，通常是由于人类活动直接或者间接向环境排入了超过环境自净能力的物质和能量，导致环境危害人类生存和发展。违法性是否为环境侵权责任的构成要件，理论界存在不同的认识。但有观点认为，从客观违法角度来看，即使侵权行为没有违反国家强制性规定或者禁止性规定，但只要造成损害后果就具有违法性并应承担责任。

污染环境行为与损害后果之间的因果关系：以因果关系的推定而不是一般侵权的因果关系直接、严格认定，即在环境侵权责任中，只要证明行为人已经排放了可能危及人身健康或者可能造成财产损害的物质，而当事人的人身或者财产受到损害，即可推定这种危害是由该污染所致，除非行为人另有证据证明损害为其他原因导致。

二、办案心得

（一）一般侵权纠纷

1. 正确区分“电力线路保护区”和“线路运行影响区”

根据《电力设施保护条例实施细则》第八条规定，电力线路保护区为了保证已建架空电力线路的安全运行和保障人民生活的正常供电而必须设置的安全区域，其目的是防止《电力设施保护条例》第十五条规定的兴建建筑物、构筑物等行为危及电力线路安全、影响正常供电，即保电。线路运行影响区见于设计规范，一般表述为导线与建筑物、树木、地面等的最小距离、最小净空距离、最小水平距离等，其设立目的是防止线路投入运行后影响房屋等的正常使用，即保物。

2.重点在损害后果是否存在

因感应电压、感应电流等行为的客观存在，供电公司应对此类诉讼的重点应是损害后果是否存在、是否存在危险，之后再确认是否存在因果关系，因果关系可通过专家意见进行论证。

3.相互妨碍处理规定

某某省按“规划在先”原则处理，《某某省电力设施保护和供用电秩序维护条例》第十四条规定，电力设施与公用工程、城市绿化和其他工程在新建、改建、扩建中相互妨碍时，应当以依法批准的规划为依据，按规划在先的原则协商解决；协商不成的，由规划在后者承担迁移、改造和采取有关措施的费用。

（二）污染环境纠纷

1.举证责任一般分配规定

被侵权人对侵权行为与损害后果之间的因果关系仅承担初步的举证责任，侵权人就侵权行为与损害后果之间不存在因果关系承担高度盖然性的证明责任。被侵权人提供证据证明侵权人排放的污染物或者其次生污染物与损害之间具有关联性，即推定因果关系成立。有关污染环境与损害后果之间不存在因果关系的事项，则由污染环境行为人负责举证，如其举证不能的，则认定因果关系成立。根据《最高人民法院关于审理环境侵权责任纠纷案件适用法律若干问题的解释》(法释〔2020〕17号)第八条规定，对查明环境污染、生态破坏案件事实的专门性问题，可以委托具备相关资格的司法鉴定机构出具鉴定意见或者由负有环境资源保护监督管理职责的部门推荐的机构出具检验报告、检测报告、评估报告或者监测数据。

2. 违法行为认定

实践中已基本达成的共识是，基于无过错责任归责原则，没有违反法律规定的标准或者没有违反行政主管部门批准的排污或者施工许可造成环境污染，进而导致他人人身、财产损害的，应承担侵权责任。因此在实践中，供电公司对此类纠纷应重点关注是否有损害后果、损害后果与供电公司行为是否有关联。

3. 相邻关系中的环境污染行为

根据《最高人民法院关于审理环境侵权责任纠纷案件适用法律若干问题的解释》(法释〔2020〕17号)第十七条第二款规定，相邻污染侵害纠纷不适用环境污染侵权的相关规定。实践中区分相邻污染侵害和环境侵权应主要以污染源来源是日常生活还是生产污染，同时应结合相邻权人排污的目的是为了正常使用不动产还是侧重于生产经营，所侵害的是邻人生活环境还是更广泛意义上的生态环境，其行为是单纯的不动产利用民事行为，还是需要接受国家环境监管的行为。

三、相关类案

类案1　线路影响采矿等他人合法权益的，采矿权人能否要求线路搬迁？

【裁判规则】线路虽有影响采矿等侵权行为，但人民法院应综合考虑输电线路等国家重点建设工程关涉国家利益和社会公共利益，投资巨大并已投入运营等因素，不宜径行判令拆除。

【类案性质】最高人民法院发布典型案例

云和县土岩岗头庵叶蜡石矿与国网浙江省电力公司矿产压覆侵权纠纷案

【基本案情】

2004年12月29日，云和县叶蜡石矿取得叶蜡石采矿权。2013年3月18日，浙北—福州特高压交流输变电工程获得国家发展和改革委员会的核准批复。2013年4月26日，国网浙江省电力公司将浙北—福州特高压交流工程线路工程发包给案外人施工。2014年8月20日，云和县叶蜡石矿到案涉线路工程项目部反映，浙北—福州1000千伏交流输电线路第5R67号桩及第5R66—5R68号桩之间的电线跨越其矿区。经核实，该输电线路路径确与云和县叶蜡石矿矿区范围存在冲突。2014年12月26

日，浙北—福州案涉特高压交流输变电工程正式投运。云和县叶蜡石矿以其不能正常爆破采矿为由提起诉讼，请求判令国网浙江省电力公司立即拆除建立在其采矿区域内的输电线路。

【裁判结果】

浙江省云和县人民法院一审认为，浙北—福州特高压交流输变电工程系经国家发展和改革委员会依法核准批复、依法建设的国家重点工程，投资巨大且已竣工并正式投入运营，如拆除将会给国家利益、社会公共利益造成重大损失，故对云和县叶蜡石矿的诉讼请求不予支持。云和县叶蜡石矿如认为国网浙江省电力公司架设电线给其造成损失，可另行协商或者通过诉讼途径解决。浙江省丽水市中级人民法院二审认为，即使国网浙江省电力公司建设支桩和架设电线的行为构成对云和县叶蜡石矿采矿权的妨害，但考虑到案涉工程在满足福建与浙江联网送电需要及提高华东电网供电可靠性方面发挥的重要作用，且该工程投资巨大并已正式投入运营，如拆除，必将对浙江省电力供应造成重大影响，电力供应不仅涉及叶蜡石矿的经济利益，更涉及社会公共利益。二审法院判决驳回上诉，维持原判。

【典型意义】

在建设铁路、工厂、水库、输油管道、输电线路和各种大型建筑物或者建筑群之前，建设单位须向省级国土资源主管部门了解拟建工程所在地区的矿产资源分布和开采情况。非经国务院授权的部门批准，不得压覆重要矿床。矿床压覆人未经审批评估、与矿业权人签订补偿协议、办理矿产资源储量登记等法定程序，在采矿权人矿区范围内建设工程，压覆矿产资源，侵害了矿业权人的合法利益。但就侵权责任的承担方式而言，应综合考虑输电线路等国家重点建设工程关涉国家利益和社会公共利益，投资巨大并已投入运营等因素，不宜径行判令拆除。在矿业权人仅请求排除妨碍的情形下，人民法院应予以充分释明，告知其可另行主张适当的责任方式，兼顾国家利益、社会公共利益和矿业权人的合法权益，适应国家产业政策与社会经济发展需要。

【点评专家】陈德敏，重庆大学教授，博士生导师。

【点评意见】

本案的一审判决以案涉采矿工程项目不能干扰福建与浙江联网送电需要和不能影响华东电网正常发挥供电可靠性作用为由，不支持云和县叶蜡石矿的拆除建立在其采矿区内输电线路的诉讼请求，并提出协商或者另行提起诉讼解决。二审依法维持一审判决。本案有两点指导意义：一是司法裁判中整体与局部的利益衡量问题，针对所涉浙北—福州特高压交流输变电工程已正式投入运营的既成事实，司法裁判考量的是社会公共利益与叶蜡石矿的经济利益之间的平衡，一审和二审都依法保障整体公共利益的优先地位。二是司法裁判中法官释明权的行使，一审法院并未直接依原告请求以拆除建立在其采矿区内的输电线路作为责任承担方式，而是通过法官释明告知当事人可另行主张适当的责任方式。这种处理方式是利益衡量的结果，既兼顾社会公共利益，也为矿业权人的合法权益实现提供可能。

协调好整体公共利益和局部个体利益之间的关系是公正司法的关键，为公共利益规制个体利益合理边界是必不可少的。

裁判中法官的释明权就是对当事人应有权益进行司法救济的方式之一，有利于促进诉讼审理的公正和效益的最大化，提升司法公信力。

※ ※ ※

类案2 线路经过探矿区，探矿权人能主张探矿权损失吗？

【裁判规则】线路不会导致资源无法进行勘探，探矿权人不得因线路架设主张探矿权损失。

【类案性质】最高人民法院裁判生效案件

一审：四川省成都市中级人民法院（2016）川01民初577号民事判决

二审：四川省高级人民法院（2017）川民终196号民事判决

再审：最高人民法院（2017）最高法民申2944号民事裁定

【相关规定】

《中华人民共和国物权法》

第一百二十三条 依法取得的探矿权、采矿权、取水权和使用水域、滩涂从事养殖、捕捞的权利受法律保护。

《中华人民共和国侵权责任法》

第六条 行为人因过错侵害他人民事权益，应当承担侵权责任。

根据法律规定推定行为人有过错，行为人不能证明自己没有过错的，应当承担侵权责任。

《中华人民共和国民事诉讼法》

第六十四条　当事人对自己提出的主张，有责任提供证据。

当事人及其诉讼代理人因客观原因不能自行收集的证据，或者人民法院审理认为审理案件需要的证据，人民法院应当调查收集。

人民法院应当按照法定程序，全面地、客观地审查核实证据。

【基本案情】

原告：某某置业公司

被告：某省电力公司

2006年2月10日，原探矿权人某实业公司通过竞价以700万元的价格取得“某某省乐山市金口河区永胜乡歇气台磷、铅锌矿资源勘查”探矿权。2011年9月20日，经某某省国土资源厅批准，某某置业公司从原探矿权人某实业公司受让某某省乐山市金口河区永胜乡歇气台磷、铅锌矿资源普查探矿权，并取得有效的《勘查许可证》。某省电力公司于2006年委托中国电力工程顾问集团公司对瀑布沟、深溪沟、龙头石水电站500千伏送出输变电工程可行性进行评审，某某省发展和改革委员会于2007年12月6日上报国家发展和改革委员会，国家发展和改革委员会于2008年7月3日核准了该建设工程。某省电力公司在2008年履行了项目报建、环评、施工许可等核准手续，建设工程于2010年完工。其中，在某某置业公司探矿权区域内架设了基铁塔37座。某某置业公司受让探矿权后，向某省电力公司主张赔偿未果后，起诉要求某省电力公司赔偿损失5127.66万元。

原告诉称：2011年9月20日，经某某省国土资源厅批准，依法受让“某某省乐山市金口河区永胜乡歇气台磷、铅锌矿资源勘查”探矿权，同年12月20日延续取得“某某省乐山市金口河区永胜乡歇气台磷矿资源、铅锌矿资源勘查”勘查许可证，投入大量的人力、物力、财力开展地质勘查工作，经过预查及普查，探矿权区域磷矿及铅锌矿内蕴经济资源较为丰富。但自2008年起，被告在未告知探矿权人且未协商一致的情况下，在探矿区域内修建了37座输电基铁塔（瀑布沟—布坡500千伏四回线路），直接影响上述探矿区域面积4.859平方千米无法探矿作业，占法定探矿面积的57.78%。因该线路横穿探矿权核心区域及磷矿目的层位，导致原告至今无法进一步开展有效的、全面核实资源储量的探矿工作。原告委托对某某省乐山市金口河区永胜乡歇气台磷、铅锌矿详查探矿权进行评估，某某地质队出具地质报告书认定：在槽探、钻孔工程全部见矿的理想状态下，预估算两种矿的资源量为830.85万吨。某某省矿产资源咨询公司以此为基准评估认为上述探矿权价值为人民币8874.45万元，按照影响面积57.78%分割估算，某省电力公司瀑布沟—布坡500千伏四回线路影响勘查部分的探矿权评估价值为5127.66万元。原告探矿权设置在先，被告项目修建在后，原告享有该矿区合法的用益物权，被告的侵权行为已经严重损害了原告的合法权益，故诉至法院，请求判令被告赔偿损失5127.66

万元，并承担本案诉讼费。

被告辩称：

（1）原告主张其探矿区磷矿资源丰富，具有较高的利用价值不成立。截至2015年，探矿区东矿段未勘出矿产，涉及施工阶段明确属于找矿阶段，西矿段实施勘查很少，或者未见矿或者矿产品位低，截至2015年因涉及湿地公园的建设，原告有3.99平方千米不能再实施勘查工作，2015年年报报告该矿区控制规模和预制规模均为小型，故原告所称具有较高利用价值不成立。

（2）被告建设项目合法。被告的项目经审批依法建设，并进行了压覆调查，探矿权人未查明探矿资源，即使以后发现了新的矿藏，也可以采取设置安全矿柱等避让措施，不构成压覆，根据国土资源部《关于规范建设项目压覆矿产资源审批工作的通知》（国土资发〔2000〕386号）文件规定，只有在已取得采矿权的矿区的建设才需要与采矿权人协商补偿，故无须与探矿权人协商一致。

（3）原告所称输电线路造成其4.85平方千米无法探矿的理由不能成立。①原告于2011—2014年的探矿是因自身经济和地震因素，造成勘查滞后，无证据证明输电线路是影响其勘查的因素；②根据原告向国土资源厅提交的实施方案及勘查报告，其勘探方式为浅钻无须爆破，即使采取爆破方式也可以采取安全设施经依法审批后实施爆破，原告关于因无法爆破导致无法勘查的理由不能成立；③根据原告提供的设计施工方案、勘查点位，可以在网布范围内避让基铁塔，不影响其勘查；④原告主张的损失没有依据。首先，原告提供的某某地质队出具的地质报告估算的储量依据错误；其次，评估报告是依据错误的地质报告提出，评估方法错误，评估价值不可采信；再次，某某地质队的地质报告评估出的磷矿量、铅锌矿并不是可采资源储量，是不可采资源量，不能作为界定其价值和评估的依据。

一审法院审理认为：根据查明的事实，本案主要涉及两个争议焦点：一是被告的500千伏四回路输电线路在原告探矿权区域内修建的37座基铁塔是否侵犯了原告的探矿权；二是原告主张损失的范围及数额的认定问题。就第一个争点，根据诉辩主张，主要涉及以下两个方面的内容：某省电力公司建设项目合法性的认定；37座输电线路基铁塔是否构成对矿产资源的压覆。

（一）建设项目合法性的认定。

首先，被告是否履行了审批程序的认定。根据《中华人民共和国物权法》第一百二十三条“依法取得的探矿权、采矿权、取水权和使用水域、滩涂从事养殖、捕捞的权利受法律保护”规定，明确将探矿权作为用益物权予以保护。在此之前，对于探矿权的权利属性、权利保护并无明确的法律规定。案涉探矿权取得于2006年，案涉500千伏输电工程从2006年开始申报立项，故应当根据当时法律法规及规范性文件对案涉探矿权建设项目是否合法进行认定。某某省地质调查院出具了压覆矿产资源情况的调查报告，并经某某省矿产资源储量评审中心评审认定并出具了川评审压〔2007〕011号文件，对地质调查报告的主要内容予以认可。某某省国土资源厅也予以复函，根据国土资源部《关于规范建设项目压覆矿产资源审批工作的通知》（国土资发〔2000〕386号）载明“一、凡是准备建设铁路、公路、工厂、水库、输油管道、输电线路和各种大型建筑物或者建筑群的，建设单位必须向所在省、自治区、直辖市国土资源主管部门了解拟建工程所在地区的矿产资源分布和开采情况，各省国土资源主管部门应当向建设单位提供建设项目范围内资源分布情况和矿业权设立情况”以及2004年《某某省国土资源厅办公室关于建设项目压覆重要矿产资源审判工作的通知》载明“五、建设项目应将调查报告和评审意见报送省国土资源厅审批……。六、……没有压覆矿产资源的，进行备案和复函”之规定，被告履行了委托地勘单位制作地质报告、送评审中心评审及报省国土资源厅审批的程序，某某省国土资源厅根据评审中心出具的建设项目对案涉探矿权不构成压覆的评审意见出具了川国土资储压函〔2007〕48号文件，以复函的形式对被告拟建设项目对案涉探矿权不构成压覆进行了确认。可以认定被告已经履行了案涉建设项目的法定行政备案、报批手续，项目建设合法。

其次，报批程序是否合法的认定。磷矿属于《矿产资源开采登记管理办法》附录中34个矿种之一，根据国土资发〔2000〕386号及《某某省国土资源厅办公室关于建设项目压覆重要矿产资源审判工作的通知》的规定，压覆重要矿产资源的需要进行备案、登记并上报国土资源部批准。重要矿产资源是指国家规划矿区、对国民经济具有重要价值的矿区和《矿产资源开采登记管理办法》附录中34个矿种的矿床规模在中型以上的矿产资源，案涉探矿权设立于2006年，在500千伏输电线路立项报批时尚未开展勘查工作，根据本院查明的情况，直至诉讼时，尚不能确定案涉探矿权区域属于中型以上矿产资源，故仅需报省国土资源厅备案、审批。

原告主张被告违反了《矿产资源法实施细则》第三十五条"建设单位在建设铁路、公路、工厂、水库、输油管道、输电线路和各种大型建筑物前，必须向所在地的省、自治区、直辖市人民政府地质矿产主管部门了解拟建工程所在地区的矿产资源分布情况，并在建设项目设计任务书报请审批时附具地质矿产主管部门的证明"之规定，未能提交地质矿产主管部门的证明，故建设项目违法。本院认为，地质矿产主管部门以复函的形式确认建设项目对矿产资源不构成压覆，属于行政职权范畴，评审中心出具的评审意见及国土资源厅出具的相关复函是否违法，不属于民事案件审理范畴。故原告主张建设项目违法的主张不能成立。

（二）是否构成压覆矿产资源的认定。

所谓压覆矿产资源，是在建设项目实施后导致矿产资源不能利用开发的行为，但在建设项目与矿区范围重叠而不影响矿产资源正常开采的，不作为压覆处理。根据双方当事人的争点，本案主要从勘查阶段、勘查方式等方面进行评述：

首先，根据经质证的案涉探矿权的年度地质报告、原告提供的2013年、2015年的地质报告，可以证实原告于2011年取得探矿权之后，开展了一定的地质勘查工作，但从开展地质勘查的范围、投入、实现的成果等方面，原告开展的工作尚未达到普查阶段，即不能确定探矿权区域内是否具有可开采的资源量。某某省国土资源厅为原告核发的探矿权上载明的探矿阶段为详查阶段，仅是原告通过提交年度地质勘查报告的方式延续探矿权存续期间的手段，并不代表原告探矿权的实际勘查阶段。

其次，就勘查方式而言。案涉磷矿从成矿起源属于沉积矿，根据矿产资源的分布位置不同，通常采取钻探、槽探、坑探等方式进行开采。原告主张根据《电力设施保护条例实施细则》第十条的规定，原告在37个输电基铁塔500米范围内不能进行爆破施工，在影响区域面积范围内导致原告无法探矿继而取得采矿权，被告应赔偿原告探矿的目的无法实现造成的损失。本院认为，《电力设施保护条例实施细则》第十条规定的主要目的是禁止在电力设施500米范围内非经依法审批及未采取安全防护措施的爆破作业，经依法审批并采取安全防护措施的爆破作业并不受限，被告专家辅助人张继春陈述案涉探矿权在输电基铁塔500米范围内可以采取安全措施实施爆破作业，技术上可行，也进一步印证了并非500米范围内绝对禁止爆破作业。根据当事人陈述及专家辅助人朱兵的陈述，勘探方式有多种方式，而槽探并非唯一的选择，某某省矿产资源储量评审中心出具川评审压〔2007〕011号文件，评审意见中载明“即使今后在其下方发现了新矿床，也可采用设置安全矿柱的方式进行有效的避让”，而原告提供的多份地质报告中载明已经实施了多种勘探方式，槽探仅是其中一种方式，主要采用了钻探方式进行地质勘查。综上，原告主张500米内绝对禁止爆破的主张，缺乏事实及法律依据。原告主张因500米范围内不能实施地质勘查的影响区域属于压覆矿产资源的范围的主张，本院不予支持。

再次，就是否构成压覆的认定程序。根据《矿产资源登记统计管理办法》第二条“在中华人民共和国领域及管辖的其他海域从事矿产资源勘查、开采或者工程建设压覆重要矿产资源的，应当依照本办法的规定进行矿产资源登记统计”及第三条“本办法所称矿产资源储量登记，是指县级以上国土资源行政主管部门对查明、占用、残留、压覆矿产资源储量的类型、数量、质量特征、产地以及其他相关情况进行登记的活动”之规定，对于在探矿权上的建设项目是否构成压覆及类型数量等应当到国土行政部门进行登记，根据《矿产资源储量评审认定办法》第四条“国家对矿产资源储量的评审、认定实行统一管理。国土资源部和省、自治区、直辖市人民政府地质矿产主管部门是矿产资源储量评审认定管理机构”以及《某某省国土资源厅关于转发〈国土资源部关于进一步加强建设项目压覆重要矿产资源审批管理工作的通知〉的通知》“已查明矿产资源是指已登记录入我省矿产资源储量数据库的矿产资源、有效采矿权内的矿产资源以及有效探矿权内经有资质地质勘查单位勘查和按规定权限经由矿产资源储量评审机构评审，并办理了储量评审备案和查明储量登记的矿产资源”之规定，对探矿权上构成压覆应当具备以下条件：①由有资质的地质勘查单位进行勘查；②由某某省矿产资源储量评审中心进行评审；③进行储量评审备案和查明储量登记，纳入国家矿产资源储量库；④办理构成压覆或者不构成压覆的证明。原告委托川西北地质队所于2016年3月出具的地质报告中对磷矿石资源量（333）进行了预估。本院认为，探矿权是指在依法取得的勘查许可证规定的范围内，勘查矿产资源的权利，是否勘查到矿产资源、是否具有可开采价值具有不确定性。该地质报告未经某某省矿产资源储量评审中心进行评审，也未办理纳入矿产资源储量库的“已查明矿产资源”，故该地质报告中对预估磷矿（333）的预估不具有认定压覆矿产资源的效力。

就第二个争点，即原告主张的损失的范围及数额的认定问题。

（一）就基铁塔影响范围的认定。本院已经确认如下事实：原告享有的探矿权面积为8.41平方千米，探矿区分为东矿段、西矿段，东矿段目前不具备勘查价值，37座基铁塔影响的范围仅在东矿段的边缘，大瓦山国家湿地公园保护区重叠3.99平方千米，原告提供的地质报告的记载：影响探矿权的面积为4.859平方千米，西矿段总勘查区域2.352平方千米，影响勘查的区域面积为1.262平方千米，占总面积的53.67%。原告确认有部分基铁塔穿越大瓦山国家湿地公园保护区。以上事实说明即便原告的主张成立，目前具有勘探价值的面积为在西矿段的2.352平方千米，而基铁塔影响的面积仅占1.262平方千米，原告按照影响探矿权的面积为4.859平方千米与探矿权面积8.41平方千米的比值作为影响探矿权的范围与查明的事实不符。

（二）损失的认定。首先，对已勘探成果的认定。本院已经认定原告尚未对探矿权区域进行全面普查和详查，根据原告多年来委托川西北地质队进行的地质勘查成果显示，原告实际开展的工作较少，主要进行了不同比例尺的地质测量、13个钻孔工程作业、1个坑道工程作业、8个槽探工程作业，取得的工作成果为：根据已有的ZK0-4、ZK14-3、TC3-1探矿工程，仅有预测（334）磷矿石资源量92.79万吨。根据《磷矿地质勘查规范》的规定，磷矿类型为334指确定具有矿化潜力的地区，并和已知矿床类比而估计的资源量，属于潜在的矿产资源，有无经济意义尚不确定，探明仅有334类别的资源量不能作为可开采的资源量，也无法纳入国家资源储量库。目前，原告尚未提供有效证据证实在案涉采矿区域内具有可开采的资源储量，也未履行是否构成压覆的行政评审、认定程序，故原告主张的磷矿石资源储量830.85万吨，本院不予确认。原告提交的某某省地平线矿产资源咨询有限责任公司的评估报告，评估所依据的资源量、矿产规模等基础数据缺乏依据，故本院不予采信。原告在诉讼中申请对损失数额进行鉴定，本院认为，因损失数额的认定应当以构成压覆为条件，原告现有证据无法证实37座输电基铁塔对原告探矿权构成压覆及压覆的范围，故原告要求赔偿影响探矿权区域内矿产资源损失5127.66万元，无事实及法律依据，本院不予支持。

二审法院审理认为：本案争议焦点是：一、某省电力公司在某某置业公司探矿区内建设“瀑布沟—东坡500千伏四回线路”的行为是否侵害了某某置业公司的探矿权；二、如侵害了某某置业公司的探矿权，侵害的范围和应当承担的赔偿损失的数额。

关于争议焦点一。本案中某某置业公司的基本诉讼主张是某省电力公司侵害了其依法享有的探矿权。虽然案涉探矿权成立于2006年4月21日，系在《中华人民共和国物权法》施行前。但《中华人民共和国矿产资源法》（1996年修正）、《中华人民共和国矿产资源法实施细则》（1994年施行）已对探矿权人所享有的权利及其保护有相应规定。某某置业公司自2011年从某实业公司受让探矿权，探矿权人作为用益物权人所享有的权利，受法律保护。根据《中华人民共和国矿产资源法实施细则》第十六条第一项的规定，某某置业公司作为探矿权人享有按照勘查许可证规定的区域、期限、工作对象进行勘查的权利。本案已查实某省电力公司案涉37座基铁塔和输电线路位于探矿区域内，但省电力公司的该行为是否侵害了权利人的探矿权，需要根据本案事实予以判定。

某某置业公司享有的探矿权是根据国家许可在相应区域内进行矿产勘探，并在取得勘察成果后优先取得采矿权的一种权利。某某置业公司在二审庭审中陈述，案涉探矿权尚处于普查阶段。从某某置业公司提交的《某某乐山市金口河区永胜乡歇气台磷、铅锌矿详查2014年度工作总结》、某某地质队2015年出具的《矿产资源勘查实施方案（设计）评审意见书》来看，尚不能得出案涉探矿权区域内具有可供开采并具有经济价值的矿产资源的结论，即勘探成果尚不明确。2016年某某地质队出具的《国网“瀑布沟—东坡500kV四回路建设工程影响某某省乐山市金口河区永胜乡歇气台磷矿、铅锌矿”探矿权的地质报告》载明，根据已有的探矿进展，预测（334）磷矿石资源量92.79万吨。该资源量为预测的内蕴经济资源量（334），具有极大的不确定性，无法作为案涉探矿权的矿产储量和经济价值的计算依据。该报告中关于“在槽探、钻孔工程全部见矿的理想状态下，预估算两种矿的资源量为830.85万吨”的表述，是对理想状态的假设前提下对推断的内蕴经济资源量（333）和预测的内蕴经济资源量（334）资源量叙述，其资源量数据更无法采信。某某省地平线矿产资源咨询有限责任公司的评估报告系依据上述资源量数据作出，明显缺乏依据，本院不予采信。因此根据本案证据，无法认定案涉探矿区域内可供开发利用的矿产资源及其经济价值，也就无法认定某省电力公司建设案涉基铁塔和输电线的行为构成了对案涉探矿权的侵害。

由于探矿权不等同于采矿权，其经济价值依赖于勘探所取得的成果，而能否通过勘探取得成果具有较大的不确定性、风险性。某某置业公司在2011年即某省电力公司的相应电力设施建成以后受让探矿权，应当知晓对电力设施处于探矿区域内的情况，对电力设施对矿产资源勘探成果及相应风险的影响，应当具有合理的认识。根据《电力设施保护条例实施细则》第十条第一款的规定，“任何单位和个人不得在距电力设施周围500米范围内（指水平距离）进行爆破作业。因工作需要必须进行爆破作业时，应当按国家颁发的有关爆破作业的法律法规，采取可靠的安全防范措施，确保电力设施安全，并征得当地电力设施产权单位或管理部门的书面同意，报经政府有关管理部门批准。”因此，在电力设施500米范围内实施爆破，并非完全不可进行，某某置业公司二审提交的金口河区安监局的回复也不能证明其采取了可靠的安全防范措施后，报电力设施产权单位被拒绝，同时被有权审批的行政机关拒绝的情况。且一审专家证人出庭证实，矿产勘探的方法有多种，不能采取爆破手段进行矿产勘查，可以采取其他勘探方式进行。省电力公司建设案涉基铁塔和输电线后，某某置业公司因保护电力设施而导致的矿产勘探费用的增加，某某置业公司可以根据额外费用发生的实际情况，向省电力公司主张。但在本案中，某某置业公司提出的诉讼请求，是对案涉探矿权相应区域内无法勘查的损失进行侵权损害赔偿，并非就勘探成本费用增加问题主张赔偿，并非同一范畴，且也未提交相应证据，本院不再审查。

关于争议焦点二。某某置业公司一审和二审中提出鉴定申请，要求对上述工程对案涉探矿权造成影响的价值损失进行鉴定。由于其逻辑前提是某省电力公司建设上述工程的行为侵害了案涉探矿权，而综合本案事实，某省电力公司建设案涉37座基铁塔及其输电线路的行为，侵害了某某置业公司合法享有的探矿权的主张，证据不足，无法认定。由于逻辑前提不成立，故对上述鉴定申请，本院不予准许。

再审法院审理认为：首先，某某置业公司提供的多项证据显示，某省电力公司建设电力设备的行为并未造成某某置业公司在相应范围内无法进行资源勘探。某某置业公司勘探的方式包括坑探、槽探、钻探等，爆破并不是唯一的施工方式，一审专家辅助人朱兵对此亦出庭证实。且根据《电力设施保护条例实施细则》第十条第一款关于“任何单位和个人不得在距电力设施周围500米范围内（指水平距离）进行爆破作业。因工作需要必须进行爆破作业时，应当按国家颁发的有关爆破作业的法律法规，采取可靠的安全防范措施，确保电力设施安全，并征得当地电力设施产权单位或管理部门的书面同意，报经政府有关管理部门批准”之规定，在电力设施500米范围内实施爆破并非完全不可行，一审专家辅助人张继春对此出庭予以证实。某某置业公司也未举示充分证据证明其因无法在某省电力公司案涉建设项目影响区域范围内进行爆破作业、设置安全矿柱致使勘探受阻，进而无法探明案涉探矿权的资源储量。因此，某某置业公司关于案涉探矿权因某省电力公司建设电力设备阻断其勘探的申请再审理由不能成立。如果存在某某置业公司因某省电力公司建设电力设备行为导致其探矿费用增加的情况，二审判决已经明确某某置业公司可以根据实际情况向某省电力公司另行主张，由于某某置业公司在本案中未提出该项主张，原审法院未予处理并无不当。

其次，某某置业公司在一审和二审中申请鉴定的具体内容是请求对输电线路水平500米范围内和地下200米范围内不能勘查造成的探矿权经济价值的损失进行鉴定。某某置业公司并未证明上述范围内无法进行矿产勘探，其鉴定申请的事项与是否对其探矿权进行赔偿并无关联。根据《最高人民法院关于适用〈中华人民共和国民事诉讼法〉的解释》第一百二十一条第一款关于“申请鉴定的事项与待证事实无关联，或者对证明待证事实无意义的，人民法院不予准许”之规定，原审法院不予准许某某置业公司鉴定申请并无不当。某某置业公司关于原审法院不予准许其有关探矿权利损失的鉴定的申请违反法律规定的申请再审事由不能成立。

再次，某某置业公司主张赔偿损失的依据是某某省地平线矿产资源咨询有限责任公司出具的评估报告书，该评估报告书又是以某某省地质矿产勘查开发局川西北地质队出具的地质报告书中载明的资源量作为评估基础数据。但是根据地质报告书中有关“在槽探、钻孔工程全部见矿的理想状态下，预估算两种矿的资源量为830.85万吨”的内容，可见地质报告书预估的资源量具有很大的不确定性，故原审法院对评估报告书不予采信并无不当。

※　※　※

类案3　线路对保护区内的房屋是否构成侵权，房主能否要求拆迁？

【裁判规则】线路保护区不是线路拆迁范围，线路对保护区内房屋不必然构成侵权。

【类案性质】湖南省岳阳市中级人民法院裁判生效案件

一审：湖南省岳阳县人民法院（2018）湘0621民初2331号民事判决

二审：湖南省岳阳市中级人民法院（2019）湘06民终1487号民事判决

【相关规定】

《中华人民共和国侵权责任法》

第二十一条　侵权行为危及他人人身、财产安全的，被侵权人可以请求侵权人承担停止侵害、排除妨碍、消除危险等侵权责任。

《电力设施保护条例》

第二条 本条例适用于中华人民共和国境内已建或在建的电力设施（包括发电设施、变电设施和电力线路设施及其有关辅助设施，下同）。

第四条 电力设施受国家法律保护，禁止任何单位或个人从事危害电力设施的行为。任何单位和个人都有保护电力设施的义务，对危害电力设施的行为，有权制止并向电力管理部门、公安部门报告。

电力企业应加强对电力设施的保护工作，对危害电力设施安全的行为，应采取适当措施，予以制止。

第九条 电力线路设施的保护范围：

（一）架空电力线路：杆塔、基础、拉线、接地装置、导线、避雷线、金具、绝缘子、登杆塔的爬梯和脚钉，导线跨越航道的保护设施，巡（保）线站，巡视检修专用道路、船舶和桥梁，标志牌及其有关辅助设施；

（二）电力电缆线路：架空、地下、水底电力电缆和电缆联结装置，电缆管道、电缆隧道、电缆沟、电缆桥，电缆井、盖板、入孔、标石、水线标志牌及其有关辅助设施；

（三）电力线路上的变压器、电容器、电抗器、断路器、隔离开关、避雷器、互感器、熔断器、计量仪表装置、配电室、箱式变电站及其有关辅助设施；

（四）电力调度设施：电力调度场所、电力调度通信设施、电网调度自动化设施、电网运行控制设施。

《电力设施保护条例实施细则》第五条 架空电力线路保护

区，是为了保证已建架空电力线路的安全运行和保障人民生活的正常供电而必须设置的安全区域。在厂矿、城镇、集镇、村庄等人口密集地区，架空电力线路保护区为导线边线在最大计算风偏后的水平距离和风偏后距建筑物的水平安全距离之和所形成的两平行线内的区域。各级电压导线边线在计算导线最大风偏情况下，距建筑物的水平安全距离如下：

1千伏以下	1.0米
1—10千伏	1.5米
35千伏	3.0米
66—110千伏	4.0米
154—220千伏	5.0米
330千伏	6.0米
500千伏	8.5米

【基本案情】

原告：蒋某某

被告：省电力公司

被告：某某供电公司

蒋某某是某某省岳阳县长湖乡胡山村大坡村民组的村民。蒋某某在该村建有房屋一幢，并于1992年12月进行了土地使用权证登记。土地使用权证上显示该建筑用地面积为272.78平方米，其中建筑占地138平方米。2006年，省电力公司在蒋某某的房屋旁修建一条500千伏的高压电线（500千伏昆罗Ⅰ线）。蒋某某称，该高压线的架设违反了《电力设施保护条例实施细则》中关于“最大风偏情况下，跟建筑物的水平安全距离不能少于8.5米”的硬性规定。其电离辐射污染给蒋某某家人、财产及牲畜造成了的损害，要求排除妨碍，将500千伏高压线移至离房屋安全距离，或将房屋征收拆迁重建，并赔偿损失。2018年12月，受省电力公司委托，某某送变电勘察设计咨询有限公司对500千伏昆罗线111—112号边导线与某某省岳阳县长湖乡红桥村大步组（原长湖乡湖山村大坡村民组）蒋某某房屋平面距离位置关系进行测量。测量后，该公司出具了436-S1821S-L08号《50千伏昆罗Ⅰ线111—12号边导线与民房位置距离测量技术报告》，该报告的测量结果为：“……2.（最近距离）测量结果，……正房位于500千伏昆罗Ⅰ线运行塔号111—112号右边导线下方，距离正房外墙屋檐滴水距离为9.78米……杂屋位于500千伏昆罗Ⅰ线运行塔号111—112号右边导线下方，距离杂屋外墙屋檐滴水距离为6.28米……”。

原告诉称：1992年，原告蒋某某在本村胡山村大坡组建了两层住房，占地面积为272.78平方米，建筑面积338平方米，一直平安居住。但自2007年昆沙一线紧挨住房通过，即出现损害。表现：①家里电视机、电脑，每当打雷就烧坏了。②原告与老伴一进房就头痛，心跳加速，心脏病加重。③两个孙子也出现心窝异常。④家里每当下雨打雷起火。⑤房里有异常响声。⑥饲猪猪死，饲牛牛死。原告多次向管线路的工作人员反映了情况，但一直没有回复。根据《电力设施保护条例实施细则》第五条规定：500千伏架空线路距建筑物的安全水平距离为8.5米。而昆沙线离原告的住房水平距离不到5米，无论从电离辐射安全距离，还是从电力保护区距离上讲都远远不够。昆沙一线给原告一家造成了严重的电离辐射安全威胁和损害，为维护合法权益，特提起诉讼诉请排除电力辐射污染妨害，将500千伏高压线移至离房屋安全距离，或将房屋征收拆迁重建，并赔偿损失。

被告省电力公司辩称：依据《110kV～750kV架空输电线路设计规范》(GB 50545—2010）第13.0.4-3条（强制性条文）规定，500千伏高压线边导线距建筑物的水平安全距离为5米。本案中距离超过了5米，符合规定。原告在诉状中引用的《电力设施保护条例实施细则》第五条规定的8.5米在于防止在架空电力线路保护区内兴建建筑物等，目的在于防止电力设施被破坏。原告诉称该电力设施对其有辐射污染不实。被告电力设施的建设经过了国家计委批准，系依法建设的国家重点工程，现场勘察线路对地距离、与被答辩人房屋的水平距离均符合国家相关规定，不构成安全隐患。

被告某某供电公司辩称：其公司不是本案线路产权所有人，不是本案适格主体。

一审法院审理认为：蒋某某房屋电磁环境监测之《检测报告》证明了蒋某某房屋电场强度、磁感应强度和噪声符合国家有关规定，500千伏高压线未对原告造成电离辐射污染。该鉴定机构湖南省湘电试验研究院有限公司是独立法人、拥有相关资质，其结论真实合法，可以作为认定事实的证据。对于500千伏高压线与房屋的安全距离标准应该是多少米的问题。《电力设施保护条例实施细则》第五条的规定为："架空电力线路保护区，是为了保证已建架空电力线路的安全运行和保障人民生活的正常供电而必须设置的安全区域。在厂矿、城镇、集镇、村庄等人口密集地区，架空电力线路保护区为导线边线在最大计算风偏后的水平距离和风偏后距建筑物的水平安全距离之和所形成的两平行线内的区域。各级电压导线边线在计算导线最大风偏情况下，距建筑物的水平安全距离如下：……500千伏 8.5米。”中华人民共和国住房和城乡建设部于2010年1月18日发布《110kV~750kV架空输电线路设计规范》13.0.4-3规定，在无风的情况下，500千伏边导线与建筑物之间的水平距离为5米。本案中，某某送变电勘察设计咨询有限公司作出的编号为436-S1821S-L08号《500千伏昆罗Ⅰ线111—112号边导线与民房位置距离测量技术报告》，该报告的测量结果为：“……2.（最近距离）测量结果，……正房位于500千伏昆罗Ⅰ线运行塔号111—112号右边导线下方，距离正房外墙屋檐滴水距离为9.78米……杂屋位于500千伏昆罗Ⅰ线运行塔号111—112号右边导线下方，距离杂屋外墙屋檐滴水距离为6.28米……”。确定该高压线与蒋某某杂屋水平距离外6.28米处。该距离为《110kV~750kV架空输电线路设计规范》规定的5米之上，如适用该标准则符合规定；如适用《电力设施保护条例实施细则》第五条则小于8.5米，不符合规定。本院认为，本案应当适用《110kV~750kV架空输电线路设计规范》，而不应适用《电力设施保护条例实施细则》，理由如下：①《电力设施保护条例实施细则》的目的在于保护在建和已建的电力设施。故适用范围为对电力设施已建或在建之后申请或建设的建筑及其他设施，意指电力设施建设在先的情况下，后建设的建筑物应当与已建或在建的电力设施保持的安全距离。而

《110kV～750kV架空输电线路设计规范》则是针对规划设计中尚未开始建设的电力设施应当与已建成或在建的建筑物应当保持的安全距离；②两部法律的发布机关不同，《电力设施保护条例实施细则》为国家经济贸易委员会、公安部，旨在已建设施的保护，《电力设施保护条例实施细则》第五条亦明确了“架空电力线路保护区，是为了保证已建架空电力线路的安全运行和保障人民生活的正常供电而必须设置的安全区域”，适用范围为“已建”的架空电力线路；中华人民共和国住房和城乡建设部发布的《110kV～750kV架空输电线路设计规范》旨在规划和建设，是建设电力设施建设前置性规范。综上，本院认为，原告蒋某某房屋旁500千伏高压线的架设符合规定。原告蒋某某未向本院提交有效证据证实其所受到的损害以及损害的发生、结果与被告省电力有限公司架设500千伏高压线的行为之间存在必然因果关系，判决驳回原告诉讼请求。

二审法院审理认为：电离辐射是涉及环境污染的侵权事由，根据《最高人民法院关于审理环境侵权责任纠纷案件适用法律若干问题的解释》第六条规定，被侵权人应当提供证据证明以下事实：①污染者排放了污染物；②被侵权人的损害；③污染者排放的污染物或者其次生污染物与损害之间具有关联性。本案中，蒋某某虽在起诉时诉称，自昆罗Ⅰ线紧挨其房屋边通过后，产生了其本人与老伴心脏病加重，两个孙子心窝异常，电视、电脑烧坏，饲养的猪、牛发生死亡等人身及财产损失，但诉讼中，其仅提交了其孙子皮肤异常的照片，未提交证据证明昆罗一线存在超国家规定的电离辐射事实，未提交证据证明其本人与老伴有心脏病加重、两个孙子有心窝异常的人身损害事实，未提交证据证明存在电视、电脑烧坏，猪、牛死亡等财产损害的事实，未提交证据证明其孙子的皮肤异常与昆罗Ⅰ线有因果关系。某某省电力公司作为证据提供的《检测报告》，旨在证明昆罗Ⅰ线不存在电离辐射这一环境污染这一事实，是对蒋某某诉求理由的反驳，蒋某某在某省电力公司提交该证据后，未提供相反证据否认这一事实，也未申请中介机构对电离辐射问题进行鉴定，一审据此认定本案不构成电离辐射污染并无不当。

《电力设施保护条例实施细则》和《110kV～750kV架空输电线路设计规范》均属于部门规章，法律效力相等。根据《电力设施保护条例实施细则》第一条"根据《电力设施保护条例》第三十一条规定，制定本实施细则"的规定，以及《电力设施保护条例》第一条"为保障电力生产和建设的顺利进行，维护公共安全，特制定本条例"和第四条"电力设施受国家法律保护，禁止任何单位或个人从事危害电力设施的行为"的规定，可以确定，《电力设施保护条例实施细则》第五条关于架空电力线路保护区以及保护区内各级电压导线的边导线与房屋水平距离的规定，重在保护电力设施不受危害。就建房而言，通俗地讲，就是在有已建或在建电力设施的情况下，新建房屋应当与电线保持的最小距离，适用的是先有电力设施后建房的情况，通过调整房屋位置来调整房屋与电线之间的距离。而《110kV～750kV架空输电线路设计规范》则是新建架空输电线路应当遵循的国家标准，通俗地讲，就是在先有房屋后架设电线的情况下，新架设的电线应当与房屋之间保留最小距离，即适用先有房屋后架设电线的情况。本案中，蒋某某的房屋于1992年建成，涉案昆罗Ⅰ线2007年建设，即先有房屋后架设电线，故本案关于电线与房屋的距离，应当适用《110kV～750kV架空输电线路设计规范》进行调整。涉案昆罗一线边导线与蒋某某房屋之间最小距离6.28米，符合《110kV～750kV架空输电线路设计规范》关于500千伏边导线与房屋距离不少于5米的规定，判决驳回上诉、维持一审判决。

※　※　※

类案4　线路跨越房屋，是否构成侵权？

【裁判规则】无证据证明110千伏架空输电线路经过房屋存在危险，线路与房屋距离满足规范要求的，不具有危险性、不构成侵权。

【类案性质】湖南省高级人民法院裁判生效案件

一审：湖南省桃源县人民法院（2016）湘0725民初551号民事判决

二审：湖南省常德市中级人民法院（2016）湘07民终855号民事判决

再审：湖南省高级人民法院（2018）湘民申1985号民事裁定

【相关规定】

《中华人民共和国民事诉讼法》

第六十四条 当事人对自己提出的主张，有责任提供证据。

当事人及其诉讼代理人因客观原因不能自行收集的证据，或者人民法院审理认为审理案件需要的证据，人民法院应当调查收集。

人民法院应当按照法定程序，全面地、客观地审查核实证据。

《最高人民法院关于适用〈中华人民共和国民事诉讼法〉的解释》（法释〔2020〕20号）

第九十条 当事人对自己提出的诉讼请求所依据的事实或者反驳对方诉讼请求所依据的事实，应当提供证据加以证明，但法律另有规定的除外。

在作出判决前，当事人未能提供证据或者证据不足以证明其事实主张的，由负有举证证明责任的当事人承担不利的后果。

【基本案情】

原告：刘某某

被告：某某供电公司

2016年3月，某某供电公司架设的零阳—热市—漆河110千伏架空输电线路N2—N3段经过刘某某房屋。该线路最大弧垂时对刘某某房屋最小垂直距离为9.7米。根据企业标准《110kV—750kV架空输电线路设计技术规定》（Q/GDW 179—2008）第15.4条规定，110千伏送电线路边导线与建筑物之间的最小垂直距离，在最大弧垂情况下不应小于5米，某某供电公司架设的该线路符合上述标准。零阳—热市—漆河110千伏架空输电线路由具有资质的电力勘测设计部门设计，经当地政府部门同意，以及环境保护部门评估批复、发展改革委核准批复同意。

原告诉称：被告架设的110千伏线路从原告房顶经过，对原告及家人居住、生活有严重影响，尤其是精神上的恐惧，其行为已构成侵权。请求判令被告立即停止对原告的侵害并消除危险。

被告辩称：被告架设的110千伏线路对原告房屋及人身没有危险、不构成侵权。该线路架设依法经行政机关批准、由有资质的单位设计，经现场勘测距离符合国家规定。

一审法院审理认为：根据《中华人民共和国民事诉讼法》第六十四条第一款“当事人对自己提出的主张，有责任提供证据”、《最高人民法院关于适用〈中华人民共和国民事诉讼法〉的解释》第九十条“当事人对自己提出的诉讼请求所依据的事实或者反驳对方诉讼请求所依据的事实，应当提供证据加以证明，但法律另有规定的除外。在作出判决前，当事人未能提供证据或者证据不足以证明其事实主张的，由负有举证证明责任的当事人承担不利的后果”的规定，刘某某应当对该线路具有危险性提供充分的证据予以证明，但刘某某提交的三份证人证言不足以证明该事实主张。庭审中刘某某根据《电力设施保护条例》第十条称，某某供电公司架设的110千伏架空输电线路与刘某某房屋之间未满足10米的安全距离，违反了该条例的规定，经审查，《电力设施保护条例》第十条所规定的电力线路保护区保护对象是电力设施，该条例与本案没有直接关联。

二审法院审理认为：根据《中华人民共和国物权法》第三十五条“妨害物权或者可能妨害物权的，权利人可以请求排除妨害或者消除危险”的规定，当权利人具体物权遭受正在或者潜在的受损害的危险时，该权利人有权要求消除这种危险。本案中，刘某某以某某供电公司架设的110千伏架空输电线路经过其房屋存在危险为由，请求停止侵权、消除危险，就应当对其物权受到的危险或侵权行为，以及已经或者可能造成的损害结果，该损害结果与行为之间是否存在因果关系承担相应的证明责任。而刘某某在一、二审中所提交的证据尚不足以证明正在遭受或者存在潜在的受损害的危险的事实。相反，某某供电公司提交的证据能够证明本案所涉110千伏架空输电线路由具备资质的单位设计，并经过相关部门的审批，符合建设要求。所架设的110千伏架空输电线路与刘某某房屋之间的距离，经设计单位现场测量，线路最大弧垂时对房屋最小垂直距离为9.7米，符合GB 50545—2010《110kV～750kV架空输电线路设计规范》关于导线与建筑物之间的最小垂直距离为5米的规范要求，且刘某某在庭审中陈述，其自行测量的距离亦有7米之多，已大于规范对安全距离的要求。另，根据《电力设施保护条例》第一条“为保障电力生产和建设的顺利进行，维护公共安全，特制定本条例”和第四条第一款“电力设施受国家法律保护，禁止任何单位或个人从事危害电力设施的行为。任何单位和个人都有保护电力设施的义务，对危害电力设施的行为，有权制止并向电力管理部门、公安部门报告”的规定，该保护条例旨在对电力设施的保护，条例规定35—110千伏架空线路的导线边线向外侧水平延伸10米并垂直于地面所形成的两平行面内的区域是作为架空电力线路的保护区，任何单位和个人都应当遵守，并有保护电力设施的义务。因此，从现有证据来看，刘某某主张存在危险的上诉理由，没有事实和法律依据。

再审法院审理认为：刘某某向本院提交一份由桃源县国土资源局出具的《关于国网某某省电力公司桃源县电力分公司110千伏输变电工程用地的回复》，并认为依据此函内容，某某供电公司在其房屋上架设架空输电线路的行为属于非法占地行为。从现有证据来看，某某供电公司架设的110千伏架空输电线路由具备资质的单位设计，并经过相关部门的审批，符合建设要求，依据《某某省电力设施保护和供用电秩序维护条例》第十条规定"架空电力线路的塔基础用地由电力建设单位以县、市（区）为单位统一向省人民政府国土资源行政主管部门申请办理用地手续。…架空电力线路走廊和地下电缆某某建设不实行征地"，某某供电公司在桃源县架设零阳—热市—漆河110千伏架空输电线路无须桃源县国土资源局的审批，故该份证据不能够证明某某供电公司在刘某某房屋上架设架空输电线路行为的非法性。

※　※　※

类案5 线路跨越房屋，房主能否要求线路搬迁或拆除？

【裁判规则】为了社会公共利益的需要，经过政府规划部门审批许可，特殊情况下可以跨越房屋。

【类案性质】江苏省高级人民法院裁判生效案件

一审：江苏省连云港市连云区人民法院（2016）苏0703民初49号民事判决

二审：江苏省连云港市中级人民法院（2016）苏07民终3551号民事判决

再审：江苏省高级人民法院（2017）苏民申4100号民事裁定

【相关规定】

《中华人民共和国民事诉讼法》

第六十四条 当事人对自己提出的主张，有责任提供证据。

当事人及其诉讼代理人因客观原因不能自行收集的证据，或者人民法院审理认为审理案件需要的证据，人民法院应当调查收集。

人民法院应当按照法定程序，全面地、客观地审查核实证据。

正当理由拒不到庭的，或者未经法庭许可中途退庭的，可以缺席判决。

《电力设施保护条例》

第二十一条 新建架空电力线路不得跨越储存易燃、易爆物品仓库的区域；一般不得跨越房屋，特殊情况需要跨越房屋时，电力建设企业应采取安全措施，并与有关单位达成协议。

【基本案情】

原告：关某某

被告：某某供电公司

某某供电公司于2002年8月、2014年9月分别架设110千伏台羽729高压线路、110千伏云华726高压线路时，两条高压线路均跨越关某某的房屋。经测量，跨越关某某房屋部分的导线的最大弧垂与关某某房屋最高处的最小垂直距离为7.719米，该垂直距离超过国家能源局发布的《架空输电线路运行规程》（DL/T 741—2010）中附录A.4导线与建筑物之间的垂直距离规定的“66千伏至110千伏输电线路跨越建筑物和构筑物时导线与建筑物之间的最小垂直距离不小于5米”的相关标准。如果该线改道避开关某某的房屋，那么将会跨越更多的房屋。

原告诉称：2002年8月以及2014年9月，被告违法强制架设工频强辐射双回路高压输电设施，云台变电站台羽729线和云华726线跨越原告的住宅运行。被告的行为严重侵犯了原告的宅基地使用权、财产使用权及原告家人的生命健康权。被告强制架设电线的行为破坏了原告的房屋结构，影响居住安全，限制了原告在宅基地上依法享有的一切权利，工频强辐射磁环境和声环境造成了原告全家三口人以上的人身伤害、致残及精神损害。综上，为维护原告的合法权益，特诉至法院，请求判令被告停止侵害、排除妨碍、消除危险、恢复原状。

被告辩称：其架设高压线路的行为经过省发展改革委、市规划建设委员会、连云港经济技术开发区规划建设局等相关部门的合法审批，市勘察测绘院的放线图及市环境保护局的环境影响报告表也证明其架设线路有合法的规划、用地及环保等审批手续，符合安全距离要求，不存在违法违规建设的情形。

一审法院审理认为：当事人对自己的主张有责任提供证据予以证明。关某某诉称某某供电公司违法架空线路跨越其住宅侵犯其权利，根据《电力设施保护条例》及实施细则并未强制性要求架空电力线路禁止跨越房屋，而是规定一般不得跨越房屋，特殊情况下可以跨越房屋，并采取相应的安全措施。供电公司架设110千伏台羽729高压线路、110千伏云华726高压线路已经经过了规划部门以及环保部门的审批许可，线路规划尽可能地避开居民区及厂房，属于最优的线路规划，如果改线避开关某某的房屋，那么将会跨越更多的房屋，因此，供电公司架空线路跨越关某某房屋属于电力设施保护条例及实施细则中规定的特殊情况下可以跨越的情形。另外，某某供电公司在导线跨越关某某房屋时也做了增加安全距离达7.719米等保护措施，并在2014年架设线路后给付关某某家103000元的补偿费，关某某也已领取该补偿款，这也可以视为双方对架空线路跨越关某某房屋达成了协议。另外，关某某不申请评估涉案的电力设备产生的工频强辐射磁环境和声环境对关某某住宅及人身造成的影响，关某某又无其他证据证明其本人及家人自身患有的疾病与架空线路跨越其房屋之间存在因果关系，其应当承担举证不能的责任，判决驳回其诉讼请求。

二审法院审理认为：《电力设施保护条例》第二十一条规

定，新建架空电力线路不得跨越储存易燃、易爆物品仓库的区域；一般不得跨越房屋，特殊情况需要跨越房屋时，电力建设企业应采取安全措施，并与有关单位达成协议。某某供电公司架设的110千伏台羽729高压线路和110千伏云华726高压线路经过了规划部门以及环保部门的审批许可，线路规划尽可能地避开居民区及厂房，现如改线避开关某某的房屋，将会跨越更多的房屋，故一审判决认定供电公司架空线路跨越关某某房屋属于电力设施保护条例及实施细则中规定的特殊情况下可以跨越的情形，并无不当。上诉人关某某还认为，供电公司架设的110千伏台羽729高压线路和110千伏云华726高压线路跨越其房屋，因而违反了《电力设施保护条例实施细则》《江苏省电力设施保护条例实施办法》《110kV～750kV架空输电线路设计规范》《架空输电线路运行规程》等法规、规章中明确规定架空输电线路的水平安全距离的强制性规定，系其理解错误，并无相关法律依据，对此点上诉理由，本院不予支持。妨害物权或者可能妨害物权的，权利人可以请求排除妨害或者消除危险。上诉人关某某主张涉案架设线路对其人身造成损害，但经一审法院释明，其拒绝就是否存在伤害后果以及该伤害后果与某某供电公司架设线路之间是否存在因果关系予以鉴定，故其应当承担举证不能的法律后果。关于上诉人关某某主张供电公司违反法定审批程序架设线路以及未与供电公司达成近距离辐射补偿协议等情况，不属于本案审理范围，关某某可另行主张权利，判决驳回上诉、维持一审判决。

再审法院审理认为：《电力设施保护条例》第二十一条规

定："新建架空电力线路不得跨越储存易燃、易爆物品仓库的区域；一般不得跨越房屋，特殊情况需要跨越房屋时，电力建设企业应采取安全措施，并与有关单位达成协议。"本案中，某某供电公司架设的110千伏台羽高压线路和110千伏云华高压线路是为了社会公共利益的需要，经过了政府规划部门审批许可，线路规划已尽可能避开居民区及厂房。一、二审判决认定某某供电公司建设架空线路跨越关某某房屋，属于电力设施保护条例及实施细则中规定的特殊情况下可以跨越的情形，并无不当。关某某在一审庭审中明确诉讼请求为排除妨碍、供电公司迁移线路、恢复至2002年架线之前的状态，该诉讼请求于法无据，不能成立。至于关某某认为供电公司高压电力线路跨越房屋对其物权及人身健康权造成损害，未达成补偿协议，主张损害赔偿的请求，不属于本案审理范围，裁定驳回关某某再审申请。

※ ※ ※

类案6 区分是否属于电气火灾，检材熔痕是关键。

【裁判规则】电气火灾损害赔偿纠纷属于一般侵权责任纠纷，受害者应当就否存在侵权行为、损害结果及损害结果与侵权行为之间是否存在因果关系承担举证责任。检材熔痕为非电热作用形成的，可认定为非电气火灾。

【类案性质】湖南省高级人民法院裁判生效案件

一审：湖南省永顺县人民法院（2018）湘3127民初37号民事判决

二审：湖南省湘西土家族苗族自治州中级人民法院（2018）湘31民终724号民事判决

再审：湖南省高级人民法院（2019）湘民申1031号民事裁定

【相关规定】

《中华人民共和国侵权责任法》

第六条　行为人因过错侵害他人民事权益，应当承担侵权责任。

根据法律规定推定行为人有过错，行为人不能证明自己没有过错的，应当承担侵权责任。

《中华人民共和国民事诉讼法》

第六十四条　当事人对自己提出的主张，有责任提供证据。

当事人及其诉讼代理人因客观原因不能自行收集的证据，或者人民法院审理认为审理案件需要的证据，人民法院应当调查收集。

人民法院应当按照法定程序，全面地、客观地审查核实证据。

正当理由拒不到庭的，或者未经法庭许可中途退庭的，可以缺席判决。

《最高人民法院关于适用〈中华人民共和国民事诉讼法〉的解释》（法释〔2020〕20号）

第九十条 当事人对自己提出的诉讼请求所依据的事实或者反驳对方诉讼请求所依据的事实，应当提供证据加以证明，但法律另有规定的除外。

在作出判决前，当事人未能提供证据或者证据不足以证明其事实主张的，由负有举证证明责任的当事人承担不利的后果。

《最高人民法院关于民事诉讼证据的若干规定》（2008年调整）

第二条 当事人对自己提出的诉讼请求所依据的事实或者反驳对方诉讼请求所依据的事实有责任提供证据加以证明。

没有证据或者证据不足以证明当事人的事实主张的，由负有举证责任的当事人承担不利后果。

【基本案情】

原告：王某某等

被告：某某供电公司

2017年2月1日凌晨2时30分许，某某县石堤镇且格村王家组王某某家发生火灾，在王某某住宅屋顶上空约5米处，有三根平行排列间距约30厘米的10千伏铝绕钢芯高压线穿过，火灾时已断落，落于王某某住宅顶部。县公安消防大队2月6日，将从火灾现场高压线断口处两侧提取的10千伏铝绕钢芯高压线送往公安部消防局天津火灾物证鉴定中心进行技术鉴定，该鉴定中心于同年2月17日作出鉴定结论为：送检的检材熔痕为非电热作用形成的熔痕。2017年3月3日，县公安消防大队作出火灾事故认定书，认定此次起火原因可排除雷击、自燃、生活用火不慎、烟花爆竹以及人为纵火的可能，火灾原因不明。

原告诉称：因被告经营管理的302石麻线大明三羊分支10千伏高压线年久失修（1990年架设），经常断线发生事故。2017年2月1日，被告经营管理的上述高压线发生断线，导致王某某等人私人住宅发生火灾，烧毁了各自住宅内的家具、农机、农具、电器、农作物、棉被等物品。事发后，原、被告在后续处理问题上未达成一致意见，被告不愿意承担赔偿责任。为维护原告的合法权益，依法向法院起诉，要求赔偿经济损失629680元。

被告辩称：2017年2月1日凌晨，原告家发生火灾后，某某县公安消防大队经过现场勘查作出了火灾事故认定书，其结论为“火灾原因不明”。另公安部消防局天津火灾物证鉴定中心对某某县公安消防大队送检的火灾现场提取材料样本进行了鉴定，结果为“送检的20170182-W01-01熔痕为非电热形成的熔痕”。由此可见，本起火灾事故不是因高压线路断线引起。且原告提供的财产损失清单及价格无任何佐证加以证实，请求赔偿损失的证据不足。

一审法院审理认为：原告起诉财产损害赔偿，应当举证证明侵权方实施了侵权行为，并且该行为与自己损失之间存在因果关系，即因对方的过错行为造成了自己的财产损失。本案火灾发生的时间为2017年2月1日凌晨2时30分许，石堤镇大明三羊分支线12号杆智能开关跳闸时间为2017年2月1日凌晨3时12分，原告私人住宅发生火灾的时间在前，高压线断线时间在后，且公安部消防局天津火灾物证鉴定中心鉴定认为从火灾现场高压线断口处两侧提取的10千伏铝绕钢芯高压线（无绝缘层）的熔痕为非电热作用形成的熔痕。县公安消防大队作出永公消火认字（2017）第0001号火灾事故认定书亦认定此次火灾原因不明。虽然原告的损失真实存在，但因原告未能提供合法有效的证据证明此次火灾的发生是被告方的高压线断裂引发的，故根据现有的证据，对原告要求被告赔偿损失的诉请无法予以支持。

二审法院审理认为：本案的主要争议焦点在于火灾的引起是否系高压电线断裂所造成。根据《中华人民共和国民事诉讼法》第六十四条第一款、《最高人民法院关于适用〈中华人民共和国民事诉讼法〉的解释》第九十条的法律规定，上诉人须提供充分的证据证明本次火灾事故系高压电线断裂而引起，才能完成全面、积极的举证义务与责任。本案中，上诉人私人住宅发生火灾的时间在前，高压线断线时间在后，而县公安消防大队作为县级处理火灾事故的政府职能机构，作出的火灾事故认定书，亦认定本次火灾的原因不明，并委托了公安部消防局天津火灾物证鉴定中心进行鉴定，认为“从火灾现场高压线断口处两侧提取的10千伏铝绕钢芯高压线（无绝缘层）的熔痕为非电热作用形成的熔痕”的鉴定意见，根据最高人民法院《关于民事诉讼证据的若干规定》的相关法律规定，权威机构所出具的鉴定意见应当予以采信，除非双方当事人有足够的证据予以推翻，况且委托鉴定人系县公安局消防大队，并非双方当事人，排除了鉴定机构有可能受到当事人利益驱使的影响，故公安部消防局天津火灾物证鉴定中心所出具的鉴定意见依法可以作为认定案件事实的依据。综上，根据《最高人民法院关于适用〈中华人民共和国民事诉讼法〉的解释》第一百零五条的规定，本院依法对上诉人与被上诉人双方的证据从真实性、合法性及关联性的角度进行了分析，本院认为，由于该案事发于我国农村地区，缺乏还原当时现场情况的视频录像，对于还原当时起火的客观事实难度非常大，虽然人民法院审理案件的最终目的是“尽可能地将法律事实无限接近于客观事实”，但由于受到经济、地域、技术等各方面条件的制约，各方当事人举证能力水平、获取证据的差异等因素，本院只能尊重客观规律，在对双方当事人所提交以及人民法院依职权所调查取证的证据，进行有无证明力和证明力大小的判断，在此基础上，认定了“火灾无法确定系高压线断线引起”的法律事实。与此同时，人民法院在坚持民事诉讼“谁主张、谁举证”的原则基础上，考虑到上诉人的举证能力、经济条件以及获取信息的能力较差等因素，依职权对于相关事实进行了调查，亦无法确定火灾的引发系高压线断裂而引起。虽然上诉人提出该案应适用《中华人民共和国侵权责任法》第七十三条的规定，按照“特殊侵权责任”的举证原则，只要从事高压作业致人损害，无论高压侵权责任人主观上是否存在过错，均应承担赔偿责任。但适用该条款的前提条件是能够查明、证实“从事高压作业致人损害”的客观事实，本案中，虽经上诉人王某某等举证、人民法院及有关部门依职权调查取证，均无法确定火灾的引起系高压线断裂所致，故适用法律关于“高度危险作业致人损害的侵权诉讼”的相关法律条款缺乏适用的前提依据，判决驳回上诉、维持原判。

再审法院审理认为：本案系财产损害赔偿纠纷案件，根据侵权责任的归责原则规定，凡是法律、法规没有规定适用过错推定责任、严格责任、公平责任的情况下，原则上都应当适用过错责任原则。本案属于一般侵权责任纠纷，王某某等应当就某某供电公司是否存在侵权行为、损害结果及损害结果与侵权行为之间是否存在因果关系承担举证责任。事故发生后，某某县公安消防大队委托公安部消防局天津火灾物证鉴定中心对火灾现场残留物进行鉴定。该中心鉴定认为：送检的检材熔痕为非电热作用形成的熔痕。依照《最高人民法院关于民事诉讼证据的若干规定》第七十七条规定，“人民法院就数个证据对同一事实的证明力，可以依照下列原则认定：（二）物证、档案、鉴定结论、勘验笔录或者经过公证、登记的书证，其证明力一般大于其他书证、视听资料和证人证言”，天津火灾物证鉴定中心出具的鉴定报告经双方当事人质证。在王某某等未举出足以相反的证据推翻该鉴定报告的，原审法院依法采信该鉴定报告并作为定案依据，认为“火灾无法确定系高压线断裂引起”并无不当。王某某等人没有证据证明火灾系高压线断裂所致，应承担举证不能的法律后果。

※ ※ ※

类案7 电力设施被破坏，如何主张损失？

【裁判规则】经当事人申请法院委托具有鉴定资质的公司出具的鉴定意见，另一方当事人未举出证据足以推翻该鉴定意见的，可以作为电力外破损失的依据。

【类案性质】最高人民法院裁判生效案件

一审：海南省海口海事法院（2017）琼92民初57号民事判决

二审：海南省高级人民法院（2018）琼民终903号民事判决

再审：最高人民法院（2019）最高法民申6044号民事裁定

【相关规定】

《中华人民共和国侵权责任法》

第六条　行为人因过错侵害他人民事权益，应当承担侵权责任。

根据法律规定推定行为人有过错，行为人不能证明自己没有过错的，应当承担侵权责任。

【基本案情】

原告：某某供电局

被告：某某海运公司

2017年4月13日某某海运公司所有的“惠海龙338”船舶违规到清澜港禁锚区内抛锚，4月14日因擦碰其他小渔船，起锚再寻锚地抛锚。船舶移动过程中该船舶的锚已勾住了某某供电局的清澜至东郊35千伏海底电缆后，因船员疏于观察而未发现，该船继续移动，于2017年4月14日2时37分34秒将上述电缆拉断，造成35千伏清澜站失压，导致清澜地区大面积停电。经某某供电局申请，一审法院委托鉴定电力设施维修费用总金额为2079600元。

原告诉称：被告所有的“惠海龙338”船舶在清澜至东郊35千伏海底电缆所在的禁锚区内违规抛锚，起锚过程中勾到清澜至东郊35千伏海底电缆，船舶航行中拖拽该线路，致使该线路严重受损，造成35千伏清澜站失压，导致清澜地区大面积停电。起诉请求依法判令某某海运公司赔偿某某供电局电力维修费用2094900元，并承担本案的全部诉讼费用。

被告辩称：“惠海龙338”船舶并未在禁锚区内抛锚，根据清澜海事局的航迹图，在事故发生时，禁锚区内有多条船舶的雷达回波，即存在多条船舶。损失鉴定报告中确定性的部分不是计算在造价范围之内，而选择性的部分中建设场地征用及清理费、临时道路修筑费不是重新敷设海底电缆线路所必须产生的费用。海底电缆的使用期一般为25年，而涉案的海底电缆在2003年完工和使用，距事发的时间有近14年，应考虑到折旧的情况。

一审法院审理认为：某某海运公司所有的“惠海龙338”船舶违规到清澜港禁锚区内抛锚，起锚时又疏于观察，以至于在起锚后重新抛锚的过程中，锚勾住了某某供电局的清澜至东郊35千伏海底电缆而不知道，之后因船舶继续移动，从而将上述电缆拉断。对于某某供电局产生的损失，某某海运公司有过错，故依法应予以赔偿。

二审法院审理认为：无论是根据某某海运公司的意见，还是根据某某供电局的意见，“惠海龙338”船舶在2017年4月13日19时35分抛锚至4月14日2时5分绞锚，其锚位均位于清澜港禁锚区内。4月14日2时37分某某供电局辖区线路35

千伏清郊线故障跳闸，此时正是“惠海龙338”船舶绞锚的过程中。结合绞锚过程中的异常情况，可以推定“惠海龙338”船舶在绞锚过程中勾住海底电缆。清澜港禁锚区内虽有多艘船舶，但这些船舶均没有进行绞锚，可以排除其他船舶的原因导致海底电缆被勾断。根据《最高人民法院关于适用〈中华人民共和国民事诉讼法〉的解释》第一百零八条的规定，清澜至东郊35千伏海底电缆因某某海运公司所有的“惠海龙338”船舶勾断具有高度可能性。出具损失鉴定意见的机构及人员均有相应资质，鉴定意见所依据的设计图纸和施工方案均由具有相应资质的中国电建集团海南电力设计研究院有限公司所出具，经过双方当事人质证，且并无证据予以推翻，故可以作为确定案涉海底电缆勾断造成损失的依据。由于鉴定意见所涉及的是重新敷设海底电缆费用，并非更换新的电缆，故不考虑电缆折旧。

再审法院审理认为：某某海运公司称涉案事故的相关情况缺乏证据证明与事实不符。经某某供电局申请，一审法院委托祥浩工程造价咨询有限责任公司对涉案事故所造成的电力设施维修费用总金额进行鉴定，该公司作出《工程造价鉴定意见书》，鉴定本项目的工程总造价为2079600元。祥浩工程造价咨询有限责任公司是一审法院委托的具有鉴定资质的公司，某某海运公司认为《工程造价鉴定意见书》鉴定内容错误，但未举出证据足以推翻该意见书，故该意见可以作为确定涉案事故造成损失的依据。二审判决据此认定某某供电局因涉案事故所遭受的损失为2027700元，并无不当。由于鉴定意见所涉及的是重新敷设海底电缆费用，并非更换新的电缆，某某海运公司主张应考虑电缆使用的折旧问题缺乏事实依据，不予采纳。

※ ※ ※

类案8 线树矛盾如何解决，能否向法院主张砍伐？

【裁判规则】在电力线路保护区内种植或自然生长的竹树其高度危及电力设施安全的，应予清除并不得再种植可能危及电力设施安全的植物。

【类案性质】湖南省株洲市中级人民法院裁判生效案件

一审：湖南省株洲市荷塘区人民法院（2021）湘0202民初7号民事判决

二审：湖南省株洲市中级人民法院（2021）湘02号民终1470号民事判决

【相关规定】

《中华人民共和国民法典》

第二百三十六条 妨害物权或者可能妨害物权的，权利人可以请求排除妨害或者消除危险。

《中华人民共和国电力法》

第五十三条 电力管理部门应当按照国务院有关电力设施保护的规定，对电力设施保护区设立标志。

任何单位和个人不得在依法划定的电力设施保护区内修建可能危及电力设施安全的建筑物、构筑物，不得种植可能危及电力设施安全的植物，不得堆放可能危及电力设施安全的物品。

在依法划定电力设施保护区前已经种植的植物妨碍电力设施安全的，应当修剪或者砍伐。

《电力设施保护条例》

第十条 电力线路保护区：

（一）架空电力线路保护区：导线边线向外侧水平延伸并垂直于地面所形成的两平行面内的区域，在一般地区各级电压导线的边线延伸距离如下：

1—10千伏	5米
35—110千伏	10米
154—330千伏	15米
500千伏	20米

在厂矿、城镇等人口密集地区，架空电力线路保护区的区域可略小于上述规定。但各级电压导线边线延伸的距离，不应小于导线边线在最大计算弧垂及最大计算风偏后的水平距离和风偏后距建筑物的安全距离之和。

（二）电力电缆线路保护区：地下电缆为电缆线路地面标桩两侧各0.75米所形成的两平行线内的区域；海底电缆一般为线路两侧各2海里（港内为两侧各100米），江河电缆一般不小于线路两侧各100米（中、小河流一般不小于各50米）所形成的两平行线内的水域。

第二十四条 新建、改建或扩建电力设施，需要损害农作物，砍伐树木、竹子，或拆迁建筑物及其他设施的，电力建设企业应按照国家有关规定给予一次性补偿。

在依法划定的电力设施保护区内种植的或自然生长的可能危及电力设施安全的树木、竹子，电力企业应依法予以修剪或砍伐。

【基本案情】

原告：某某输电检修公司

被告：何某某

某某省电力公司经国家计划委员会批复，1988年依法建设投运500千伏留云Ⅰ线，该线路211—212号杆塔跨越何某某自留山。线路投运后何某某在500千伏留云Ⅰ线线路保护区内种植了栾树等高杆植物，该线路一直由某某省电力公司委托某某输电检修公司运行维护。某某输电检修公司在维护期间多次补偿何某某，在2020年7月16日最后一次补偿协议中约定补偿为一次性补偿，何某某以后不得再在电力线路保护区内种植栾树等高杆植物，对电力线路保护区内的栾树等高杆植物，某某输电检修公司可随时进行修剪、砍伐，并不予任何补偿。2020年11月某某输电检修公司在对线路巡检中发现何某某自留山上的树林树梢与导线净空距离仅为5.89米，严重危及电力线路安全运行，因何某某要求补偿未果一直阻止某某输电检修公司清除线路下的树木。

原告诉称：500千伏留云Ⅰ线1988年依法合规建设，何某某恶意在高压输电线路下栽种速生树。2020年11月经现场巡查发现树木树梢与导线的净空距离为5.89米，不能满足《电力设施保护条例》规定的最小安全距离，已严重影响线路的安全运行。若不及时清除将严重危及电网安全，对社会公共利益与人身安全造成严重威胁，严重影响人民生命财产安全和全省供用电秩序。原告多次要求被告清除，被告均提出高额补偿要求，否则拒绝清除，被告林木已严重危及电力线路安全，特起诉要求判令被告立即清除其在500千伏韶云Ⅰ线线路保护区内可能危及电力设施安全的林木，并不得再在上述保护区内种植可能危及电力设施安全的植物。

被告辩称：树木可以砍伐，但要求进行补偿，并且砍伐之后应当要把场地处理干净。

一审法院审理认为：《中华人民共和国电力法》第五十三条规定，任何单位和个人不得在依法划定的电力设施保护区内种植可能危及电力设施安全的植物。在依法划定电力设施保护区前已经种植的植物妨害电力设施安全的，应当修剪或者砍伐。本案中，被告何某某在500千伏韶云Ⅰ线电力设施保护区内种植或自然生长的栾树等高杆植物，其高度危及电力设施安全，故被告何某某应当依照上述法律规定予以清除。《电力设施保护条例》第二十四条规定，新建、改建或扩建电力设施，需要砍伐树木、竹子或拆迁建筑物及其他设施的，电力建设企业应按照国家有关规定给予一次性补偿。本案中，500千伏韶云Ⅰ线于1988年投运，原告与被告多次达成补偿协议，对被告在该线路电力设施保护区内的树（竹）木进行了一次性补偿，协议约定的补偿费用已支付到位，故原告无须再对被告进行任何补偿，判决支持原告的全部诉讼请求。

二审法院审理认为：某某输电检修公司在维护涉案线路某某过程中，先后对砍伐何某某家的树木进行了补偿，双方2020

年5月17日、7月16日最后签订的“青苗补偿协议书”约定，经此次线路某某树（竹）处理后，何某某同意以后不在线路保护区范围内种植任何速生、高杆树（竹），以确保线路安全，否则某某输电检修公司有责任和义务随时进行砍伐，并不予任何补偿费用。何某某自留山生长的树木已经超越了法定安全距离，严重危害电力设施的安全，依法应予清除。某某输电检修公司已根据双方签订的协议支付了相应的补偿款，何某某要求补偿的行为违反了协议约定和法律规定只在电力设施建设时对损害的树木进行补偿的情形，何某某要求砍伐树木时进行补偿的要求没有法律依据。

第四章

劳动争议纠纷类案

供电企业劳动争议纠纷，表现较多为历史遗留问题如村（农）电工问题，提前退休、内退问题，临时用工问题，业务外包不规范问题等。

一、劳动关系法律分析

（一）劳动关系分类

1.我国法定用工形式

目前我国法定的劳动用工形式有：全日制用工、非全日制用工以及劳务派遣用工。因《中华人民共和国劳动法》(简称《劳动法》)、《中华人民共和国劳动合同法》(简称《劳动合同法》)等法律法规出台，长期工、集体工、临时工等传统用工模式虽然在法律上已取消，但在劳动管理中仍长期存在。

全日制用工：用人单位与劳动者签订全日制书面劳动合同，是我国目前使用最多的用工形式。劳动合同根据期限的不同，分为固定期限劳动合同、无固定期限劳动合同和以完成一定工作任务为期限的劳动合同三种。

非全日制用工：以小时计酬为主，劳动者在同一用人单位一般平均每日工作时间不超过四小时，每周工作时间累计不超过二十四小时的用工形式。

劳务派遣：派遣单位与被派遣员工（劳动者）建立劳动关系，而后将劳动者派遣到实际用工单位。劳动者与劳务派遣单位之间是劳动合同关系，劳动者与用工单位是用工关系，劳务派遣单位与用工单位之间是民事法律关系。

2.工作时间制度规定

我国有三种工时制度：标准工时制、综合工时制、不定时工时制 ，实行综合工时制和不定时工时制应报劳动部门批准，用人单位与劳动者自行约定无效。

标准工时制度：每日工作8小时，每周工作40小时。

综合工时制：其基础仍然是标准工时制，虽然允许一定周期范围内员工工作时间综合计算，允许具体的某日（或某周）可以超过法定标准工作，但是仍然要坚持一定周期内总的工作时间及平均工作时间都不能违反法定的标准。

不定时工时制：每一工作日没有固定的上下班时间限制的工作时间制度，是针对因生产特点、工作特殊需要或职责范围的关系，无法按标准工作时间衡量或是需要机动作业的职工所采用的一种工时制度。

3.劳动关系与劳动合同

《劳动合同法》第七条规定："用人单位自用工之日起即与劳动者建立劳动关系"，这一规定明确了引起劳动关系产生的基本法律事实是用工，不论是用人单位与劳动者双方是否订立了劳动合同，劳动关系从劳动者向用工单位提供实际用工之日起计算。

供电公司存在风险较大的是因事实劳动用工产生的劳动争议纠纷，实践中事实劳动关系成立的条件：一是用人单位和劳动者符合法律、法规规定的主体资格；二是用人单位依法制定的各项劳动规章制度适用于劳动者，劳动者受用人单位的劳动管理，从事用人单位安排的有报酬的劳动；三是劳动者提供的劳动是用人单位业务的组成部分。用人单位未与劳动者签订劳动合同，认定双方存在劳动关系时可参照下列凭证：一是工资支付凭证或记录（职工工资发放花名册）、缴纳各项社会保险费的记录；二是人单位向劳动者发放的“工作证”“服务证”等能够证明身份的证件；三是劳动者填写的用人单位招工招聘“登记表”“报名表”等招用记录；四是考勤记录；五是其他劳动者的证言等。同时，建筑施工、矿山企业等用人单位工程（业务）或经营权发包给不具备用工主体资格的组织或自然人，对该组织或自然人招用的劳动者，由具备用工主体资格的发包方承担用工主体责任。

劳务关系，严格意义来说劳务关系并非一个严谨的法学用语，无论雇佣关系还是承揽关系，受雇佣人提供的都是劳务，甚至少数劳动关系中亦有劳务的存在。劳务关系主要存在雇佣合同中。可见劳务关系大部分指的是雇佣关系，一部分指的是承揽关系，极少部分包括在劳动关系之中，可见劳务关系是一个范围极广的用语。

劳动关系与劳务关系两者的区别如下：

项目	劳务关系	劳动关系
适用法律	《中华人民共和国民法典》等	《劳动法》《劳动合同法》等
主体	可以是用人单位与自然人，或两个用人单位，或两个自然人之间	只能是符合法定条件的用人单位与自然人之间
是否存在隶属关系	否，双方法律地位平等，不存在隶属关系	是，劳动者属于用人单位的职工或员工

续表

项目	劳务关系	劳动关系
是否需要承担社会保险义务	否，劳务关系中的一方不承担另一方当事人的社会保险缴纳义务	用人单位必须按照法律法规和地方规章等为职工承担社会保险缴纳义务
惩处	一般不存在惩处，只能追究对方的违约责任	用人单位有权根据单位规章制度，对劳动者的违章违纪进行处理
报酬支付	报酬完全由双方协商确定，当事人得到的是根据权利义务平等、公平等原则事先约定的报酬	用人单位具有工资、奖金等方面的分配权利，向劳动者支付的工资遵循按劳分配、同工同酬的原则，且不得违反法律法规规定

（二）供电公司处理劳动纠纷应当注意的事项

1.解除劳动关系应当依法合规

一是解除主体必须合法。与谁建立劳动关系，就应该由谁来解除劳动合同。用人单位的上级或主管部门没有权利“越俎代庖”对其所控制的用人单位的员工作出惩处。

二是程序必须合法。办公会决定、听取工会意见、经职代会（联席会）讨论、送达、办理档案和社会关系的转出等程序。送达有先后顺序，首先是直接送达，然后是留置、邮寄，最后才是公告。

三是处罚依据必须合法。涉及劳动者切身利益的规章制度的制定必须经职代会或全体职工大会讨论，与工会或者职工代表平等协商确定。规章制度制定后还必须通过公示等方式告知劳动者，否则不具有法律效力。实践中可采取以下方法：员工手册发放、内部培训法、劳动合同约定法、考试法、传阅法，但注意无论哪种方法，都要让员工签字确认表示“收到”“已阅”并且承诺“遵守”。尽量避免单独使用网站公布、电子邮件告知、公告栏或宣传栏张贴等公示方法。

2. 员工非正常离职，严格按规定送达通知

员工非正常情况的离职，要按照劳办发〔1995〕179号文件关于劳动合同解除通知书送达方式，一般参照民事诉讼中的送达方式：以书面形式直接通知本人，即要求，履行催告程序后，方可劳动者本人在送达回证在签字，对于被追究刑事责任的，可通过拘留所、劳改农场等送达。本人不在的，将解除劳动关系，办理合同通知书交其同住成年亲属签收，是否同住一般以户口登记为依据。直接送达有困难的，应以EMS邮寄送达。在受送达劳动者下落不明或者用上述离职手续方式无法送达情况下，可通过新闻媒体公告送达。在实践中，为证明“直接送达不成”，用人单位应组织相关部门人员同工会、所在社区人员一起送达，证明送达不能后才能公告送达。

劳动部办公厅《关于通过新闻媒介通知职工回单位并对逾期不归者按自动离职或旷工处理问题的复函》（劳办发〔1995〕179号）虽然已废止，但具有很好的参考性：企业通知请假、放长假、长期病休职工在规定时间内回单位报到或办理有关手续，应遵循对职工负责的原则，以书面形式直接送达职工本人；

本人不在的，交其同住成年亲属签收。直接送达有困难的可以邮寄送达，以挂号查询回执上注明的收件日期为送达日期。只有在受送达职工下落不明，或者用上述送达方式无法送达的情况下，方可公告送达，即张贴公告或通过新闻媒介通知。自发出公告之日起，经过30日，即视为送达。在此基础上，企业方可对旷工和违反规定的职工按《企业职工奖惩条例》的规定做除名处理。能用直接送达或邮寄送达而未用，直接采用公告送达的，视为无效。

关于内退离职的问题，根据国务院国发（1993）第111号令第九条的规定，“职工距离退休年龄不到五年的，经本人申请，企业领导批准，可以退出岗位休养，由企业发给生活费……”，如果员工超过了5年期限才达到退休年龄是否可以办理内退？该规定不属于强行性规定，没有对超过5年期限的情况进行禁止性规定，因此即便是超过了该期限，只要按履行了上述程序，内退离职是合法的。

3. 应特别注意临时用工风险

上级单位往往规定基层单位不得使用临时性用工，但部分基层单位有章不守，任意使用临时用工，由于临时性用工形式灵活，难以通过相关程序和制度进行把控，上级往往无法准确掌握下属单位违规使用临时用工情况，导致双方形成事实劳动关系，在发生工伤等劳动争议纠纷时产生较大的法律风险。

二、办案心得

（一）确定“我是谁、谁给我发工资”

1.以薪酬待遇为关注重点，确定劳动关系

供电公司从事电网建设、电能输配等业务，但直接签订劳动合同的人员较少，很多业务都进行外包。因历史惯例、行业管理等需要，存在部分供电公司人员对业务协作单位人员进行劳动管理的行为。在发生劳动争议时，劳动者从利益保障、可获得利益方面出发，往往要求确认与供电公司存在劳动关系，此类纠纷建议从用人单位主要义务——支付劳动报酬出发，论证其与第三方存在劳动关系。

2.从业务流程来分析劳动关系

实践中往往存在虽然已将业务外包给其他单位，但因安全等需要供电公司员工直接指挥、管理业务协作单位员工的情况，如果仅从员工管理、处罚等方面判断，容易混淆双方的劳动关系。

3.确定是否属于劳动争议受理范围

《最高人民法院关于审理劳动争议案件适用法律问题的解释（一）》规定了人民法院受理的九种劳动争议，其中第九种“因企业自主进行改制发生的纠纷”司法实践中一般可理解为非企业自主改制发生的纠纷人民法院均不予受理。从改革历程来看，供电公司经历行政职能移交、发供分离、农村电力体制改革、

地方电力体制改革等众多改革，从已发生的劳动争议纠纷来看，因很多劳动者以现有政策对标当时改革政策，导致很多纠纷发生。此类劳动争议纠纷应该不属于人民法院受理范围。

（二）充分调动各方力量全力应对

1.个案妥善处置、防止连锁反应

供电公司的业务、管理模式等基本一致，绝大部分是国家电网公司、南方电网公司的分子公司，因此一个案件往往越来越多人参与、关注，有的劳动争议案件虽然只有几个当事人，但影响的劳动者可能上千、甚至过万，一个处理不当可能造成严重影响，如农电体制改革中农电工问题。

2.充分认识证据收集难度

劳动争议纠纷中，主要举证责任在用人单位。供电公司因时间长、基层单位违规用工等原因，导致劳动争议发生后，举证难、败诉风险大，对此需要法务、人资、业务、办公室等部门通力合作，确保还原事情真相。

三、相关类案

类案1　被清退的农电管理员，能否要求供电公司补发工资、补办退休手续？

【裁判规则】农电管理员的退休、身份等历史遗留问题属于

国家政策调整范围，不属于行政诉讼受案范围。

【类案性质】最高人民法院裁判生效案件

一审：湖南省永州市中级人民法院（2019）湘11行初77号行政裁定

二审：湖南省高级人民法院（2019）湘行终1066号行政裁定

再审：最高人民法院（2020）最高法行申4895号行政裁定

【相关规定】

《中华人民共和国行政诉讼法》

第四十九条 提起诉讼应当符合下列条件：

（一）原告是符合本法第二十五条规定的公民、法人或者其他组织；

（二）有明确的被告；

（三）有具体的诉讼请求和事实根据；

（四）属于人民法院受案范围和受诉人民法院管辖。

第五十一条 人民法院在接到起诉状时对符合本法规定的起诉条件的，应当登记立案。

对当场不能判定是否符合本法规定的起诉条件的，应当接收起诉状，出具注明收到日期的书面凭证，并在七日内决定是否立案。不符合起诉条件的，作出不予立案的裁定。裁定书应当载明不予立案的理由。原告对裁定不服的，可以提起上诉。

起诉状内容欠缺或者有其他错误的，应当给予指导和释明，并一次性告知当事人需要补正的内容。不得未经指导和释明即以起诉不符合条件为由不接收起诉状。

对于不接收起诉状、接收起诉状后不出具书面凭证，以及不一次性告知当事人需要补正的起诉状内容的，当事人可以向上级人民法院投诉，上级人民法院应当责令改正，并对直接负责的主管人员和其他直接责任人员依法给予处分。

【基本案情】

原告：杨某某

被告：某某县人民政府

被告：某某供电公司

杨某某等人1983年4月被原公社农电管理站清退，但未予补偿，也未办理辞退手续。2019年起诉要求判决某某县人民政府、某某县人力资源和社会保障局在六十日内为起诉人杨某某办理退休、养老手续，并判决某某供电公司向起诉人杨某某支付拖欠的工资及退休待遇2165760元。

一审法院审理认为：起诉事项涉及历史遗留的电工提出要求落实身份、待遇等历史遗留问题，属于请求处理历史遗留的政策问题，不属于人民法院行政诉讼受案范围。据此，依照《中华人民共和国行政诉讼法》第四十九条第四项、第五十一条第二款的规定，裁定对杨某某的起诉不予立案。

二审法院审理认为：根据《中华人民共和国行政诉讼法》第六条、第六十三条之规定，人民法院审理行政案件，以法律和行政法规、地方性法规为依据，对行政行为是否合法进行审查。根据杨某某提供的起诉资料反映，至1983年4月，某某县原公社农电管理员已被全部清退。现杨某某以原农电管理员身份起诉，其第一项诉讼请求涉及的落实身份、待遇等历史遗留问题，应由相关政策调整，不属人民法院行政诉讼合法性审查范围。另外，《中华人民共和国行政诉讼法》第二条规定，“公民、法人或者其他组织认为行政机关和行政机关工作人员的行政行为侵犯其合法权益，有权依照本法向人民法院提起诉讼”。杨某某请求履行给付义务的某某供电公司均为企业，故其第二项诉讼请求亦不属于人民法院行政诉讼受案范围。一审裁定不予立案，合法正确。

再审法院审理认为：杨某某于20世纪80年代被清退，现以原农电管理员的身份，要求某某县人民政府、某某县人力资源和社会保障局为其办理退休、养老手续，涉及落实身份、待遇等历史遗留问题，属于国家政策调整范围，不属于行政诉讼受案范围。再审申请人要求某某供电公司给付拖欠工资等，因上述两公司并非行政机关，该请求亦不属于行政诉讼受案范围。

※ ※ ※

类案2 用人单位如何行使用工自主权合法调整劳动者的工作岗位和地点？

【裁判规则】法律允许用人单位根据自身生产经营需要，合理调整劳动者的工作岗位及工作地点，但不得侵害劳动者合法权益。

【类案性质】《人力资源社会保障部 最高人民法院关于联合

发布第一批劳动人事争议典型案例的通知》（人社部函〔2020〕62号案例14）

【基本案情】

孙某于2017年8月入职某模具公司，双方订立了无固定期限劳动合同，约定孙某的工作地点为某直辖市，岗位为“后勤辅助岗”，具体工作内容为“财务、预算管理和其他行政性工作”。双方还约定：“模具公司可以根据生产经营的需要，对孙某工作岗位、工作内容及工作地点进行调整。”入职后，孙某被安排在模具公司位于某城区的开发中心从事财务、人事等辅助性工作。2019年7月1日，基于公司生产经营和管理需要，为减轻各中心的工作负担，模具公司将各中心的财务工作统一转回公司总部的财务处统一管理。为此，孙某办理了开发中心全部财务凭证的交接，模具公司与孙某沟通协商，提出安排其到开发中心其他岗位工作，但均被孙某拒绝。后模具公司安排孙某到位于相邻城区的公司总部从事人事相关工作。7月底，孙某要求模具公司将其调回原工作地点原岗位工作，双方由此发生争议。孙某向劳动人事争议仲裁委员会申请仲裁。

【申请人请求】

要求模具公司按原工作地点及原工作岗位继续履行劳动合同。

【处理结果】

劳动人事争议仲裁委员会裁决驳回孙某的仲裁请求。

【法律分析】

本案的争议焦点是模具公司对孙某调整工作岗位和工作地点是否属于合法行使用工自主权。

《中华人民共和国就业促进法》第八条规定："用人单位依法享有自主用人的权利。"用人单位作为市场主体，根据自身生产经营需要而对劳动者的工作岗位、工作地点进行适当调整，是行使用工自主权的重要内容，对其正常生产经营不可或缺。但同时，用人单位用工自主权的行使也必须在相关法律和政策的框架内，符合一定条件和范围，如用人单位须对岗位或工作地点的调整作出合理说明，防止用人单位借此打击报复或变相逼迫劳动者主动离职，也即防止其权利的滥用。仲裁和司法实务中，岗位或工作地点调整的合理性一般考虑以下因素：①是否基于用人单位生产经营需要；②是否属于对劳动合同约定的较大变更；③是否对劳动者有歧视性、侮辱性；④是否对劳动报酬及其他劳动条件产生较大影响；⑤劳动者是否能够胜任调整的岗位；⑥工作地点作出不便调整后，用人单位是否提供必要协助或补偿措施等。

本案中，双方在劳动合同中约定孙某的工作岗位为"后勤辅助岗"，该岗位不属固定或专业岗位；模具公司根据生产经营需要，适当调整孙某的工作岗位、工作内容及工作地点是基于财务统一管理的需要，对孙某并无针对性；同时，该工作地点和工作内容的调整模具公司亦与孙某进行了沟通协商，给出了包括在原工作地点适当调整岗位等多种选择方案，体现了对孙某劳动权益的尊重；且调整后的人事岗位与孙某的原先岗位性质相近，孙某也完全能够胜任；最后，孙某调整后的工作地点也处于交通便利的城区，上班时间虽有所增加，但该地点变更不足以认定对其产生较大不利影响，对其劳动权益也构不成侵害，故依法驳回孙某的仲裁请求。

【典型意义】

在市场经济条件下，用人单位因生产经营需要而调整变化属正常现象。法律允许用人单位根据自身生产经营需要，合理调整劳动者的工作岗位及工作地点，不仅有利于维护用人单位发展，也有利于劳动关系稳定。需要注意的是，如果支持用人单位对岗位或工作地点进行不合理调整必然侵害劳动者合法权益，劳动者可依法请求继续履行劳动合同或补偿工资差额等。《中华人民共和国劳动合同法》第三十五条规定："用人单位与劳动者协商一致，可以变更劳动合同约定的内容。变更劳动合同，应当采用书面形式。"对于用人单位来说，在生产经营或管理调整时，首先应当选择与劳动者充分协商，尽量通过变更或补充签订劳动合同方式完成调整；若未能协商一致，在基于用工自主权调整劳动者工作岗位或地点时，也要充分考虑劳动者的权益保障问题。作为劳动者，也应理解用人单位发展，在发生调整时，充分了解对自己权益的影响，积极与用人单位开展协商，共同寻求调整变化中的和谐。

※　※　※

类案3 劳动者提供虚假学历证书是否导致劳动合同无效？

【裁判规则】劳动者应聘时故意提供虚假学历证书、个人履历，与岗位职责、工作完成效果有密切关联性的，可以认定是违背用人单位真实意思的情况下与其签订了劳动合同，用人单位可单方解除已签订的劳动合同。

【类案性质】《人力资源社会保障部 最高人民法院关于联合发布第一批劳动人事争议典型案例的通知》(人社部函〔2020〕62号案例10)

【基本案情】

2018年6月，某网络公司发布招聘启事，招聘计算机工程专业大学本科以上学历的网络技术人员1名。赵某为销售专业大专学历，但其向该网络公司提交了计算机工程专业大学本科学历的学历证书、个人履历等材料。后赵某与网络公司签订了劳动合同，进入网络公司从事网络技术工作。2018年9月初，网络公司偶然获悉赵某的实际学历为大专，并向赵某询问。赵某承认自己为应聘而提供虚假学历证书、个人履历的事实。网络公司认为，赵某提供虚假学历证书、个人履历属欺诈行为，严重违背诚实信用原则，根据《劳动合同法》第二十六条、第三十九条规定解除了与赵某的劳动合同。赵某不服，向劳动人事争议仲裁委员会申请仲裁。

【申请人请求】

裁决网络公司继续履行劳动合同。

【处理结果】

劳动人事争议仲裁委员会裁决驳回赵某的仲裁请求。

【案例分析】

本案的争议焦点是赵某提供虚假学历证书、个人履历是否导致劳动合同无效。

《劳动合同法》第八条规定："用人单位招用劳动者时，应当如实告知劳动者工作内容、工作条件、工作地点、职业危害、安全生产状况、劳动报酬，以及劳动者要求了解的其他情况；用人单位有权了解劳动者与劳动合同直接相关的基本情况，劳动者应当如实说明。"第二十六条第一款规定："下列劳动合同无效或者部分无效：(一)以欺诈、胁迫的手段或者乘人之危，使对方在违背真实意思的情况下订立或者变更劳动合同的……"第三十九条规定："劳动者有下列情形之一的，用人单位可以解除劳动合同：……(五)因本法第二十六条第一款第一项规定的情形致使劳动合同无效的……"从上述条款可知，劳动合同是用人单位与劳动者双方协商一致达成的协议，相关信息对于是否签订劳动合同、建立劳动关系的真实意思表示具有重要影响。《劳动合同法》第八条既规定了用人单位的告知义务，也规定了劳动者的告知义务。如果劳动者违反诚实信用原则，隐瞒或者虚构与劳动合同直接相关的基本情况，根据《劳动合同法》第二十六条第一款规定属于劳动合同无效或部分无效的情形。用人单位可以根据《劳动合同法》第三十九条规定解除劳动合同并不支付经济补偿。此外，应当注意的是，《劳动合同法》第八条“劳动者应当如实说明”应仅限于“与劳动合同直接相关的基本情况”，如履行劳动合同所必需的知识技能、学历、学位、职业资格、工作经历等，用人单位无权要求劳动者提供婚姻状况、生育情况等涉及个人隐私的信息，也即不能任意扩大用人单位知情权及劳动者告知义务的外延。

本案中，“计算机工程专业”“大学本科学历”等情况与网络公司招聘的网络技术人员岗位职责、工作完成效果有密切关联性，属于“与劳动合同直接相关的基本情况”。赵某在应聘时故意提供虚假学历证书、个人履历，致使网络公司在违背真实意思的情况下与其签订了劳动合同。因此，根据《劳动合同法》第二十六条第一款规定，双方签订的劳动合同无效。网络公司根据《劳动合同法》第三十九条第五项规定，解除与赵某的劳动合同符合法律规定，故依法驳回赵某的仲裁请求。

【典型意义】

《劳动合同法》第三条规定：“订立劳动合同，应当遵循合法、公平、平等自愿、协商一致、诚实信用的原则。”第二十六条规定以欺诈、胁迫的手段或者乘人之危，使对方在违背真实意思的情况下订立或者变更劳动合同的劳动合同无效或部分无效；第三十九条有关于以欺诈手段订立的劳动合同无效、可以单方解除的规定，进一步体现了诚实信用原则。诚实信用既是《劳动合同法》的基本原则之一，也是社会基本道德之一。

用人单位与劳动者订立劳动合同时都必须遵循诚实信用原则，建立合法、诚信、和谐的劳动关系。

※　※　※

类案4　用人单位与劳动者自行约定实行不定时工作制是否有效？

【裁判规则】用人单位未经人力资源社会保障部门审批，对劳动者所在岗位实行不定时工作制，违反相关法律规定。因此，应当认定此期间劳动者实行标准工时制。

【类案性质】《人力资源社会保障部 最高人民法院关于联合发布第一批劳动人事争议典型案例的通知》（人社部函〔2020〕62号案例13）

【基本案情】

2017年11月1日，张某与某物业公司签订3年期劳动合同，约定张某担任安全员，月工资为3500元，所在岗位实行不定时工作制。物业公司于2018年4月向当地人力资源社会保障部门就安全员岗位申请不定时工作制，获批期间为2018年5月1日至2019年4月30日。2018年9月30日，张某与物业公司经协商解除了劳动合同。双方认可2017年11月至2018年4月、2018年5月至2018年9月期间，张某分别在休息日工作15天、10天，物业公司既未安排调休也未支付休息日加班工资。张某要求物业公司支付上述期间休息日加班工资，物业公司以张某实行不定时工作制为由未予支付。2018年10月，张某向劳动人事争议仲裁委员会申请仲裁。

【申请人请求】

裁决物业公司支付2017年11月至2018年9月的休息日加班工资共计8046元（3500元÷21.75天×25天×200%）。

【处理结果】

劳动人事争议仲裁委员会裁决物业公司支付张某2017年11月至2018年4月的休息日加班工资4828元（3500元÷21.75天×15天×200%），张某不服仲裁裁决起诉，一审法院判决与仲裁裁决一致，后不服一审判决向上一级人民法院提起上诉，二审判决维持原判。

【案例分析】

本案的争议焦点是未经审批，物业公司能否仅凭与张某的约定实行不定时工作制。

《中华人民共和国劳动法》（以下简称《劳动法》）第三十九条规定："企业因生产特点不能实行本法第三十六条、第三十八条规定的，经劳动行政部门批准，可以实行其他工作和休息办法。"《关于企业实行不定时工作制和综合计算工时工作制的审批办法》（劳部发〔1994〕503号）第四条规定："企业对符合下列条件之一的职工，可以实行不定时工作制。（一）企业中的高级管理人员、外勤人员、推销人员、部分值班人员和其他因工作无法按标准工作时间衡量的职工……"从上述条款可知，用人单位对劳动者实行不定时工作制，有严格的适用主体和适用程序要求。只有符合国家规定的特殊岗位劳动者，并经过人力资源社会保障部门审批，用人单位才能实行不定时工作制，否则不能实行。

本案中，张某所在的安全员岗位经审批实行不定时工作制的期间为2018年5月1日至2019年4月30日，此期间内根据《工资支付暂行规定》（劳部发〔1994〕489号）第十三条规定，物业公司依法可以不支付张某休息日加班工资。2017年11月至2018年4月期间，物业公司未经人力资源社会保障部门审批，对张某所在岗位实行不定时工作制，违反相关法律规定。因此，应当认定此期间张某实行标准工时制，物业公司应当按照《劳动法》第四十四条规定“休息日安排劳动者工作又不能安排补休的，支付不低于工资的百分之二百的工资报酬”支付张某休息日加班工资。

【典型意义】

不定时工作制是针对因生产特点、工作特殊需要或职责范围的关系，无法按标准工作时间衡量或需要机动作业的劳动者所采用的一种工时制度。法律规定不定时工作制必须经审批方可实行。一方面，用人单位不能仅凭与劳动者约定就实行不定时工作制，而应当及时报人力资源社会保障部门批准后实行。对实行不定时工作制劳动者，也应当根据有关规定，采用集中工作、集中休息、轮休调休、弹性工作时间等方式，确保劳动者休息休假权利。另一方面，人力资源社会保障部门不断完善特殊工时工作制的审批机制，及时满足用人单位经营管理需要。比如，规定批复时效在疫情防控期间到期且无法通过邮寄、网络等方式办理的，经原审批部门同意并备案后，原批复有效期可顺延至疫情防控措施结束。

※ ※ ※

类案5 视为订立无固定期限劳动合同后用人单位仍未与劳动者签订劳动合同的是否应当支付第二倍工资？

【裁判规则】用人单位满1年未与劳动者签订书面劳动合同的，视为已与劳动者订立了无固定期限劳动合同，而非《劳动合同法》第八十二条规定的用人单位违反本法规定不与劳动者订立无固定期限劳动合同的情形，无须再向劳动者支付未依法签订无固定期限劳动合同的第二倍工资。

【类案性质】《人力资源社会保障部 最高人民法院关于联合发布第一批劳动人事争议典型案例的通知》（人社部函〔2020〕62号案例11）

【基本案情】

2016年8月1日，万某入职某食品公司，从事检验工作，双方口头约定万某月工资为3000元。万某入职时，公司负责人告知其3个月试用期后签订书面劳动合同，但是双方一直未签订书面劳动合同。2018年7月31日，万某与食品公司解除劳动关系。万某要求食品公司支付2017年8月至2018年7月期间未与其签订无固定期限劳动合同的第二倍工资，该公司拒绝支付。万某遂向劳动人事争议仲裁委员会申请仲裁。

【申请人请求】

裁决食品公司支付2017年8月至2018年7月期间未签订无固定期限劳动合同的第二倍工资36000元。

【处理结果】

劳动人事争议仲裁委员会裁决驳回万某的仲裁请求。

【案例分析】

本案的争议焦点是2017年8月至2018年7月期间，万某与食品公司之间未签订书面劳动合同的情形是否属于《中华人民共和国劳动合同法》(以下简称《劳动合同法》)第八十二条规定情形。

《劳动合同法》第八十二条规定："用人单位自用工之日起超过一个月不满一年未与劳动者订立书面劳动合同的，应当向劳动者每月支付二倍的工资。用人单位违反本法规定不与劳动者订立无固定期限劳动合同的，自应当订立无固定期限劳动合同之日起向劳动者每月支付二倍的工资。"从上述条款可知，用人单位支付未依法签订劳动合同第二倍工资的情形包括两种：一种是用人单位自用工之日起超过一个月不满一年未与劳动者订立书面劳动合同的；第二种是用人单位应当与劳动者订立无固定期限劳动合同，但违反本法规定不与劳动者订立无固定期限劳动合同的。第二种情形中的"本法规定"，是指《劳动合同法》第十四条第二款规定的"除劳动者提出订立固定期限劳动合同外，应当订立无固定期限劳动合同"的三种情形，即

“（一）劳动者在该用人单位连续工作满十年的；（二）用人单位初次实行劳动合同制度或者国有企业改制重新订立劳动合同时，劳动者在该用人单位连续工作满十年且距法定退休年龄不足十年的；（三）连续订立二次固定期限劳动合同，且劳动者没有本法第三十九条和第四十条第一项、第二项规定的情形，续订劳动合同的”。而《劳动合同法》第十四条第三款规定的“用人单位自用工之日起满一年不与劳动者订立书面劳动合同的，视为用人单位与劳动者已订立无固定期限劳动合同”是对用人单位不签订书面劳动合同满一年的法律后果的拟制规定，并非有关应当订立无固定期限劳动合同的情形规定。《中华人民共和国劳动合同法实施条例》第七条对于此种情形的法律后果也作了相同的分类规定。

本案中，万某于2016年8月1日入职，食品公司一直未与其签订书面劳动合同，自2017年8月1日起，根据上述法律法规的规定，双方之间视为已订立了无固定期限劳动合同，而非《劳动合同法》第八十二条规定的用人单位违反本法规定不与劳动者订立无固定期限劳动合同的情形。因此，食品公司无须向万某支付未依法签订无固定期限劳动合同的第二倍工资，故依法驳回万某的仲裁请求。

【典型意义】

无固定期限劳动合同是指用人单位与劳动者约定无确定终止时间的劳动合同。为了保障劳动关系的稳定性，《劳动合同法》第十四条规定了“可以”“应当”“视为”三类订立无固定期限劳动合同的情形，其中“视为”签订无固定期限劳动合同的规定，主要目的是为解决一些用人单位不愿与劳动者签订劳动合同，造成劳动者合法权益无法得到保障的问题。未依法签订劳动合同所应承担的第二倍工资责任在法律性质上是惩罚性赔偿，该责任设定与拟制无固定期限劳动合同的签订相结合，既保障了劳动者合法权益又限制了用人单位赔偿责任的无限扩大，有效地平衡了各方利益。

※ ※ ※

类案6 职工见义勇为能否视同工伤？

重庆市涪陵志大物业管理有限公司诉重庆市涪陵区人力资源和社会保障局劳动和社会保障行政确认案

（最高人民法院审判委员会讨论通过，2018年6月20日发布）

【裁判规则】

职工见义勇为，为制止违法犯罪行为而受到伤害的，属于《工伤保险条例》第十五条第一款第二项规定的为维护公共利益受到伤害的情形，应当视同工伤。

【相关法条】

《工伤保险条例》第十五条第一款第二项

【基本案情】

罗某系重庆市涪陵志大物业管理有限公司（以下简称涪陵志大物业公司）保安。2011年12月24日，罗某在涪陵志大物业公司服务的圆梦园小区上班（24小时值班）。8时30分左右，在兴华中路宏富大厦附近有人对一过往行人实施抢劫，罗某听到呼喊声后立即拦住抢劫者的去路，要求其交出抢劫的物品，在与抢劫者搏斗的过程中，不慎从22步台阶上摔倒在巷道拐角的平台上受伤。罗某于2012年6月12日向被告重庆市涪陵区人力资源和社会保障局（以下简称涪陵区人社局）提出工伤认定申请。涪陵区人社局当日受理后，于2012年6月13日向罗某发出《认定工伤中止通知书》，要求罗某补充提交见义勇为的认定材料。2012年7月20日，罗某补充了见义勇为相关材料。涪陵区人社局核实后，根据《工伤保险条例》第十四条第七项之规定，于2012年8月9日作出涪人社伤险认决字〔2012〕676号《认定工伤决定书》，认定罗某所受之伤属于因工受伤。涪陵志大物业公司不服，向法院提起行政诉讼。在诉讼过程中，涪陵区人社局作出《撤销工伤认定决定书》，并于2013年6月25日根据《工伤保险条例》第十五条第一款第二项之规定，作出涪人社伤险认决字〔2013〕524号《认定工伤决定书》，认定罗某受伤属于视同因工受伤。涪陵志大物业公司仍然不服，于2013年7月15日向重庆市人力资源和社会保障局申请行政复议，重庆市人力资源和社会保障局于2013年8月21日作出渝人社复决字〔2013〕129号《行政复议决定书》，予以维持。涪陵志大物业公司认为涪陵区人社局的认定决定适用法律错误，罗某所受伤依法不应认定为工伤。遂诉至法院，请求判决撤销《认定工伤决定书》，并责令被告重新作出认定。

另查明，重庆市涪陵区社会管理综合治理委员会对罗某的行为进行了表彰，并作出了涪综治委发〔2012〕5号《关于表彰罗某见义勇为行为的通报》。

【裁判结果】

重庆市涪陵区人民法院于2013年9月23日作出（2013）涪法行初字第00077号行政判决，驳回重庆市涪陵志大物业管理有限公司要求撤销被告作出的涪人社伤险认决字〔2013〕524号《认定工伤决定书》的诉讼请求。一审宣判后，双方当事人均未上诉，裁判现已发生法律效力。

【裁判理由】

法院生效裁判认为：被告涪陵区人社局是县级劳动行政主管部门，根据国务院《工伤保险条例》第五条第二款规定，具有受理本行政区域内的工伤认定申请，并根据事实和法律作出是否工伤认定的行政管理职权。被告根据第三人罗某提供的重庆市涪陵区社会管理综合治理委员会《关于表彰罗某见义勇为行为的通报》，认定罗某在见义勇为中受伤，事实清楚，证据充分。罗某不顾个人安危与违法犯罪行为作斗争，既保护了他人的个人财产和生命安全，也维护了社会治安秩序，弘扬了社会正气。法律对于见义勇为，应当予以大力提倡和鼓励。

《工伤保险条例》第十五条第一款第二项规定："职工在抢险救灾等维护国家利益、公共利益活动中受到伤害的，视同工伤。"据此，虽然职工不是在工作地点、因工作原因受到伤害，但其是在维护国家利益、公共利益活动中受到伤害的，也应当按照工伤处理。公民见义勇为，跟违法犯罪行为作斗争，与抢险救灾一样，同样属于维护社会公共利益的行为，应当予以大力提倡和鼓励。因见义勇为、制止违法犯罪行为而受到伤害的，应当适用《工伤保险条例》第十五条第一款第二项的规定，即视同工伤。

另外，《重庆市鼓励公民见义勇为条例》为重庆市地方性法规，其第十九条、第二十一条进一步明确规定，见义勇为受伤视同工伤，享受工伤待遇。该条例上述规定符合《工伤保险条例》的立法精神，有助于最大限度地保障劳动者的合法权益、最大限度地弘扬社会正气，在本案中应当予以适用。

综上，被告涪陵区人社局认定罗仁均受伤视同工伤，适用法律正确。

（生效裁判审判人员：刘芸、陈其娟、杨忠民）

附录一

最高人民法院印发《关于进一步完善“四类案件”监督管理工作机制的指导意见》的通知

法发〔2021〕30号

各省、自治区、直辖市高级人民法院，解放军军事法院，新疆维吾尔自治区高级人民法院生产建设兵团分院：

现将《关于进一步完善“四类案件”监督管理工作机制的指导意见》予以印发，请结合实际认真贯彻执行。执行中遇有问题，请及时报告最高人民法院。

最高人民法院

2021年11月4日

关于进一步完善“四类案件”监督管理工作机制的指导意见

为加强人民法院司法责任体系建设，健全与新型审判权力运行机制相适应的监督管理体系，进一步完善权责明晰、权责统一、监督有力、制约有效、运转有序的“四类案件”监督管理工作机制，结合人民法院工作实际，提出以下意见。

一、各级人民法院监督管理“四类案件”，应当严格依照法律规定，遵循司法规律，落实“让审理者裁判，由裁判者负责”，在落实审判组织办案主体地位基础上，细化完善审判权力和责任清单，推动实现全过程监督、组织化行权，有效防控各类风险，不断提升审判质量、效率和司法公信力。

二、本意见所称“四类案件”，是指符合下列情形之一的案件：

（一）重大、疑难、复杂、敏感的；

（二）涉及群体性纠纷或者引发社会广泛关注，可能影响社会稳定的；

（三）与本院或者上级人民法院的类案裁判可能发生冲突的；

（四）有关单位或者个人反映法官有违法审判行为的。

三、“重大、疑难、复杂、敏感”的案件主要包括下列案件：涉及国家利益、社会公共利益的；对事实认定或者法律适用存在较大争议的；具有首案效应的新类型案件；具有普遍法律适用指导意义的；涉及国家安全、外交、民族、宗教等敏感案件。

四、“涉及群体性纠纷或者引发社会广泛关注，可能影响社会稳定”的案件主要包括下列案件：当事人或者被害人人数众多，可能引发群体性事件的；可能或者已经引发社会广泛关注，存在激化社会矛盾风险的；具有示范效应、可能引发后续批量诉讼的；可能对特定行业产业发展、特定群体利益、社会和谐稳定产生较大影响的。

五、“与本院或者上级人民法院的类案裁判可能发生冲突”的案件主要包括下列案件：与本院或者上级人民法院近三年类案生效裁判可能发生冲突的；与本院正在审理的类案裁判结果可能发生冲突，有必要统一法律适用的；本院近三年类案生效裁判存在重大法律适用分歧，截至案件审理时仍未解决的。

六、“有关单位或者个人反映法官有违法审判行为”的案件主要包括下列案件：当事人、诉讼代理人、辩护人、利害关系人实名反映参与本案审理的法官有违法审判行为，并提供具体线索的；当事人、诉讼代理人、辩护人实名反映案件久拖不决，经初步核实确属违反审判执行期限管理规定的；有关部门通过审务督察、司法巡查、案件评查、信访接待或者受理举报、投诉等方式，发现法官可能存在违法审判行为的；承办审判组织在“三个规定”记录报告平台反映存在违反规定干预过问案件情况，可能或者已经影响司法公正的。

有关单位或者个人反映审判辅助人员有违纪违法行为，可能或者已经影响司法公正的，参照上述情形监督管理。

七、各级人民法院可以结合本院工作实际，对下列案件适用“四类案件”的监督管理措施：本院已经发生法律效力的判决、裁定、调解书等确有错误需要再审的；人民检察院提出抗诉的；拟判处死刑（包括死刑缓期两年执行）的；拟宣告被告人无罪或者拟在法定刑以下判处刑罚、免予刑事处罚的；指令再审或者发回重审的；诉讼标的额特别巨大的；其他有必要适用“四类案件”监督管理措施的。

八、各级人民法院应当结合本院实际，建立覆盖审判工作全过程的“四类案件”识别标注、及时报告、推送提醒、预警提示机制，明确各类审判组织、审判人员、职能部门的主体责任、报告义务、问责机制。对“四类案件”，应当通过依法公开审理、加强裁判文书说理，接受社会监督。

立案部门在立案阶段识别出“四类案件”的，应当同步在办案平台标注，提示相关院庭长，根据本意见要求确定承办审判组织形式和人员。承办审判组织在案件审理阶段识别出“四类案件”的，应当主动标注，并及时向院庭长报告。院庭长发现分管领域内“四类案件”的，应当提醒承办审判组织及时标注，并要求其报告案件进展情况。审判管理、审务督察、新闻宣传等职能部门在日常工作中发现“四类案件”的，应当及时提示相关院庭长。下级人民法院向上级人民法院移送“四类案件”卷宗材料的，应当在原审纸质卷宗或者电子卷宗中作出相应标注。

对案件是否属于“四类案件”存在争议的，可以按照工作程序层报院庭长决定。案件不再作为“四类案件”监督管理的，撤销相应标注，并在办案平台注明原因。

九、立案阶段识别标注的“四类案件”，可以指定分案。审理“四类案件”，应当依法组成合议庭，一般由院庭长担任审判长，并根据案件所涉情形、复杂程度等因素，综合确定合议庭组成人员和人数。

案件进入审理阶段后被识别标注为“四类案件”的，院庭长可以根据案件所涉情形、进展情况，按权限决定作出下述调整，调整结果应当及时通知当事人，并在办案平台注明原因：

（一）由独任审理转为合议庭审理；

（二）调整承办法官；

（三）调整合议庭组成人员或者人数；

（四）决定由自己担任审判长。

十、院庭长应当根据《中华人民共和国法官法》第九条的规定，针对“四类案件”审理中需要关注和解决的问题，按照职务权限采取以下监督管理措施：

（一）按权限调整分案；

（二）要求合议庭报告案件进展、评议结果；

（三）要求合议庭提供类案裁判文书或者制作类案检索报告；

（四）审阅案件庭审提纲、审理报告；

（五）调阅卷宗、旁听庭审；

（六）要求合议庭复议并报告复议结果，但同一案件一般不得超过两次；

（七）决定将案件提交专业法官会议讨论；

（八）决定按照工作程序将案件提交审判委员会讨论；

（九）决定按程序报请上一级人民法院审理；

（十）其他与其职务相适应的必要监督管理措施。

院庭长在分管领域、职务权限范围内，按工作程序采取上述监督管理措施，或者对下级人民法院审理的“四类案件”依法履行监督指导职责，不属于违反规定干预过问案件。

十一、院庭长对“四类案件”履行监督管理职责时，应当在办案平台全程留痕，或者形成书面记录入卷备查。院庭长对“四类案件”的处理意见，应当在专业法官会议或者审判委员会会议上发表，并记入会议记录，签字确认后在办案平台或者案卷中留痕。院庭长对合议庭拟作出的裁判结果有异议的，有权要求复议，也可以按照工作程序将案件提交专业法官会议、审判委员会讨论。院庭长非经法定程序，不得直接改变合议庭意见。

十二、承办审判组织发现案件属于“四类案件”，故意隐瞒不报或者不服从监督管理的，院庭长可以按权限调整分案。承办审判组织因前述行为导致裁判错误并造成严重后果的，依法承担违法审判责任。

院庭长因故意或者重大过失，对本人依职权发现、承办审判组织主动报告、有关职能部门告知或者系统自动推送提示的“四类案件”，怠于或者不当行使监督管理职责，导致裁判错误并造成严重后果的，依照干部管理有关规定和程序承担监督管理责任。

十三、各高级人民法院应当充分运用智慧法院建设成果，在辖区内完善统一的“四类案件”识别监测系统，探索构建由案由、罪名、涉案主体、涉案领域、程序类型、社会关注程度等要素组成的识别指引体系，逐步实现“四类案件”的自动识别、精准标注、实时提醒、智能监督管理。在立案、调解、庭审、评议、宣判、执行等环节出现“四类案件”对应情形的，系统可以同步标注、推送，提醒审判组织及时报告，提示院庭长依职权监督管理。对承办审判组织应当报告而未报告，应当提交专业法官会议或者审判委员会讨论而未提交的案件，系统可以自动预警并提示院庭长。

十四、本意见所称院庭长，包括进入法官员额的院长、副院长、审判委员会专职委员、庭长、副庭长和其他依法承担监督管理职责的审判（执行）部门负责人。

各级人民法院应当结合审判权力和责任清单，明确院庭长在“四类案件”监督管理工作中的具体职责、对应职权和工作程序。院庭长履行监督管理“四类案件”职责的情况，应当计入工作量，纳入绩效考核评价。

十五、本意见由最高人民法院解释。各级人民法院可以根据本意见，结合本院实际，制定或者修订“四类案件”监督管理实施细则，并报上一级人民法院备案。

十六、本意见自2021年11月5日起施行。之前有关规定与本意见不一致的，按照本意见执行。

附录二

最高人民法院关于统一法律适用加强类案检索的指导意见（试行）

（2020年7月27日）

为统一法律适用，提升司法公信力，结合审判工作实际，就人民法院类案检索工作提出如下意见。

一、本意见所称类案，是指与待决案件在基本事实、争议焦点、法律适用问题等方面具有相似性，且已经人民法院裁判生效的案件。

二、人民法院办理案件具有下列情形之一，应当进行类案检索：

（一）拟提交专业（主审）法官会议或者审判委员会讨论的；

（二）缺乏明确裁判规则或者尚未形成统一裁判规则的；

（三）院长、庭长根据审判监督管理权限要求进行类案检索的；

（四）其他需要进行类案检索的。

三、承办法官依托中国裁判文书网、审判案例数据库等进行类案检索，并对检索的真实性、准确性负责。

四、类案检索范围一般包括：

（一）最高人民法院发布的指导性案例；

（二）最高人民法院发布的典型案例及裁判生效的案件；

（三）本省（自治区、直辖市）高级人民法院发布的参考性案例及裁判生效的案件；

（四）上一级人民法院及本院裁判生效的案件。

除指导性案例以外，优先检索近三年的案例或者案件；已经在前一顺位中检索到类案的，可以不再进行检索。

五、类案检索可以采用关键词检索、法条关联案件检索、案例关联检索等方法。

六、承办法官应当将待决案件与检索结果进行相似性识别和比对，确定是否属于类案。

七、对本意见规定的应当进行类案检索的案件，承办法官应当在合议庭评议、专业（主审）法官会议讨论及审理报告中对类案检索情况予以说明，或者制作专门的类案检索报告，并随案归档备查。

八、类案检索说明或者报告应当客观、全面、准确，包括检索主体、时间、平台、方法、结果，类案裁判要点以及待决案件争议焦点等内容，并对是否参照或者参考类案等结果运用情况予以分析说明。

九、检索到的类案为指导性案例的，人民法院应当参照作出裁判，但与新的法律、行政法规、司法解释相冲突或者为新的指导性案例所取代的除外。

检索到其他类案的，人民法院可以作为作出裁判的参考。

十、公诉机关、案件当事人及其辩护人、诉讼代理人等提交指导性案例作为控（诉）辩理由的，人民法院应当在裁判文书说理中回应是否参照并说明理由；提交其他类案作为控（诉）辩理由的，人民法院可以通过释明等方式予以回应。

十一、检索到的类案存在法律适用不一致的，人民法院可以综合法院层级、裁判时间、是否经审判委员会讨论等因素，依照《最高人民法院关于建立法律适用分歧解决机制的实施办法》等规定，通过法律适用分歧解决机制予以解决。

十二、各级人民法院应当积极推进类案检索工作，加强技术研发和应用培训，提升类案推送的智能化、精准化水平。

各高级人民法院应当充分运用现代信息技术，建立审判案例数据库，为全国统一、权威的审判案例数据库建设奠定坚实基础。

十三、各级人民法院应当定期归纳整理类案检索情况，通过一定形式在本院或者辖区法院公开，供法官办案参考，并报上一级人民法院审判管理部门备案。

十四、本意见自2020年7月31日起试行。

附录三

湖南省高级人民法院　湖南省司法厅　湖南省律师协会印发《关于协同推进类案强制检索机制共同维护司法公正的意见（试行）》的通知

湘高法发〔2021〕1号

全省各级人民法院，各市州、县市区司法局，各市州律师协会：

现将《关于协同推进类案强制检索机制共同维护司法公正的意见（试行）》印发给你们，请结合本地实际，认真贯彻执行。

湖南省高级人民法院

湖南省司法厅

湖南省律师协会

2021年1月15日

关于协同推进类案强制检索机制共同维护司法公正的意见（试行）

律师是社会主义法治工作者和法律共同体成员，在全面建设社会主义法治国家中具有重要作用。为保障律师依法执业，协同推进类案强制检索机制，依法规范司法裁量权，统一裁判尺度，充分发挥律师维护当事人合法权益、促进司法公正的重要作用，根据《最高人民法院关于统一法律适用加强类案检索的指导意见（试行）》《最高人民法院关于依法切实保障律师诉讼权利的规定》等规定，制定本意见。

第一条 律师在担任诉讼代理人、辩护人参与诉讼过程中，为支持其主张，可以向人民法院提交检索的类案。

第二条 类案检索的要素包括基本事实、争议焦点、法律适用三方面，律师可以围绕待决案件的一个或者几个要素检索类案。

第三条 类案检索可以采用关键词、法条关联案件、案例关联等检索方法。

第四条 律师向人民法院提交检索的案例作为诉辩意见的，可以形成案例检索报告。案例检索报告作为诉辩意见的一部分。

第五条 律师向人民法院提交案例作为诉辩意见的类案的，应当就下列事项作出书面说明：

（一）检索时间、检索方法、检索来源；

（二）案号、生效裁判法院；

（三）发生法律效力裁判文书的制作时间；

（四）是否指导性案例，指导性案例发布的时间、批次及其编号；

（五）提出作为类案参照或参考适用的裁判要旨及适用的法律；

（六）与待决案件或其某一争议焦点的相类性及其理由；

（七）其他需要说明的情况。

前述规定的书面说明，律师可以根据检索案例的情况制作

《类案检索情况登记表》。

第六条 下列案例，律师可以作为类案向人民法院提交：

（一）最高人民法院发布的指导性案例；

（二）最高人民法院发布的典型案例及裁判生效的案件；

（三）省高级人民法院发布的参考性案例及裁判生效的案件；

（四）上一级人民法院及本院裁判生效的案件。

前款作为类案的案例，除第一项人民法院应当参照作出裁判外，第二项至第四项可以作为裁判的参考。

律师向人民法院提交的作为类案的裁判应当已经发生法律效力。

第七条 人民法院应当在诉讼须知、执行须知材料、诉讼服务中心、法院门户网站、公众号告知当事人及其诉讼代理人、辩护人可以进行类案检索，并把类案检索情况作为诉辩意见向人民法院提出。

人民法院在登记立案或者受理案件时，或者在通知立案（受理案件）、庭前会议、开庭审理、询问时，应当告知当事人及其诉讼代理人、辩护人可以进行类案检索，并把类案检索情况作为诉辩意见向人民法院提出。

第八条 律师提交作为诉辩意见的类案的，独任法官、合议庭可以自行识别、比对；可以视案件办理需要，组织诉辩双方交换检索到的案例，要求诉辩双方在指定期限内就提交的案例与待决案件的识别、比对、参考或参照适用以书面形式发表辩论意见；也可以组织诉辩双方交换检索到的案例后，在庭前会议、开庭审理、询问、听证时要求诉辩双方发表辩论意见。

第九条 独任法官、合议庭在案件审理过程中依职权检索到类案的，可以自行识别、比对；可以视案件办理需要，在庭前会议、开庭审理、询问、听证时，要求诉辩双方就该案例与待决案件的识别、比对、参考或参照适用发表辩论意见或者在指定期限内以书面形式发表辩论意见。

第十条 诉辩双方在庭前会议、开庭审理、询问、听证时就类案辩论的情况应当记入笔录。

第十一条 独任法官、合议庭应当依照法律、司法解释规定，对诉辩双方就类案的识别、比对、参考或参照适用的辩论意见进行审查。

第十二条 合议庭评议案件时，应当就类案的识别、比对、参考或参照适用的辩论意见进行评议，提出是否采信的意见及其理由，并记入合议笔录。

第十三条 对诉辩双方提交或人民法院检索的案例，经识别、比对为待决案件的类案的，独任法官、合议庭应当按照下列情形处理：

（一）类案为本意见第六条第一款第一项最高人民法院发布的指导性案例的，应当参照适用，但该指导性案例与新的法律法规、司法解释相冲突或者被新的指导性案例所废止的除外；

（二）类案为本意见第六条第一款第二至四项规定的案例的，可以依照法律和司法解释的规定，参考类案作出裁判；

（三）类案为本意见第六条第一款第二至四项规定的案例，但多个类案之间不一致的，可以斟酌类案案情、法院层级、裁判要点、裁判时间等因素，依照法律、司法解释的规定，决定是否参考以及参考的类案作出裁判。

第十四条 诉辩双方提交指导性案例作为诉辩意见的，人民法院应当在裁判文书说理部分回应是否参照并说明理由；提交其他类案作为诉辩意见的，人民法院可以通过释明等方式予以回应。

第十五条 律师作为诉辩意见提交的类案，人民法院应当归入案卷卷宗的正卷。

人民法院依职权检索的案例，应当根据类案检索报告的不同载体，分别归入案卷卷宗的正卷、副卷。

第十六条 省高级人民法院、省司法厅、省律师协会应当定期编纂参照、参考类案作出裁判的典型案例，并向社会发布。

参照、参考类案作出裁判的典型案例，省高级人民法院、省司法厅、省律师协会可以在门户网站、公众号公布。

第十七条 律师应当依照法律规定和本意见第六条第一款规定的类案帮助当事人对诉讼结果进行理性预判，形成合理的诉讼预期，并按照诚实信用原则，提出合理的诉讼主张，或者引导当事人通过调解或诉讼外和解方式解决纠纷。

人民法院的裁判与本意见第六条第一款规定的类案裁判不同，但在合理范围内，且不违背法律法规、司法解释规定的，律师应当依照法律规定和类案，引导当事人息诉息访，化解信访案件。

第十八条 人民法院工作人员、律师应当在司法、执业过程中，运用本意见第六条第一款规定的类案开展法治宣传，引导公民遵法、守法，依法维护合法权益，培育和弘扬社会主义核心价值观和社会主义法治文化。

第十九条 律师可以依托中国裁判文书网、其他各类裁判案例数据库或公开出版的报刊、杂志、书籍进行检索。

人民法院应当依托网上法院、移动微法院、诉讼服务中心等平台，向律师和社会公众发送《类案检索情况登记表》，并加强释明指引、宣传推介，为律师进行类案检索提供便利。

第二十条 当事人及其法定代理人、基层法律工作者和其他依照法律规定获得授权的委托代理人在诉讼过程中向人民法院提交类案的，依照本意见的规定办理。

第二十一条 本意见与法律、司法解释不一致的，以法律、司法解释为准。

第二十二条 本意见自印发之日起试行。

参考文献

[1] 浦法仁.社会科学辞典系列　法律辞典[M].上海：上海辞书出版社,2009：129，145-146.

[2] 最高人民法院民法典贯彻实施工作领导小组.中华人民共和国民法典侵权责任编理解与适用[M].北京：人民法院出版社，2020：83，87，97.

[3] 黎建飞.劳动合同法案例判解[M].北京：中国法制出版社,2007：43.

[4] 杨立新.侵权法论[M].5版.北京：人民法院出版社，2003：236.